The
SALES
BOSS

최고의 영업 리더가 알아야 할 세일즈 리더십

The SALES

The Real Secret to Hiring, Training and Managing a Sales Team

BOSS

세일즈 보스

| 조너선 휘스먼 지음 · 우미영 옮김 |

책빵

차례

지금쯤 여러분의 손에 들려 있을 『세일즈 보스』라는 탁월한 책을 소개하게 되어 기쁘다. 이 책에는 세일즈 분야의 구루인 저자 조녀선이 수십 년간 다양한 경험을 쌓으면서 터득한, 영업에서 성과를 창출하기 위한 비법이 담겨 있다.

일을 하면서 그 일의 원리를 제대로 터득하기는 쉽지 않으며, 또한 터득한 진리를 타인이 이해하기 쉽게 전달하는 것이 얼마나 어려운 일인지는 독자들도 대부분 공감하리라 생각한다. 그런데 이 책은 그동안 내가 여러 시행착오를 통해 터득한 원리들을 아주 명쾌하면서도 실질적으로 다룰 뿐만 아니라 효과적으로 전달한다.

나는 미국 중부에 있는 GE(제너럴 일렉트릭사) 소유 공장의 한 제조 라인에서 생산 관리를 담당하는 엔지니어로 사회생활을 시작했다. 수년간의 경험을 통해 생산의 중요성에 대해서는 잘 이해하게 되었지만 돌이켜보면 당시 나에게는 세일즈에 대한 개념조차 없었던 것 같다.

오랫동안 생산 현장에서 경력을 쌓은 후 나는 공부를 더 하고 싶은 열망에 하버드 비즈니스 스쿨에 입학했다. 그 후 몇 년간 글로벌 엘리트 집단, 이를테면 마이클 포터(Michael Eugene Porter)와 같은 내로라하는 경영 및 비즈니스 분야의 유명한 인사들과 어울릴 기회를 갖기도 했다. 당시 나는 비즈니스 분야의 고수들과 전략, 리더십, 마케팅 같은 주제를 다루면서 많은 시간을 투자했다. 그러나 정작 세일즈나 세일즈 관리와 같은 주제는 거의 다루지 않았던 것으로 기억한다.

하버드 비즈니스 스쿨에서 MBA 과정을 마친 뒤 나는 한 의료 장비 회사의 마케팅 담당자로서 새로운 경력을 시작했다. 마케팅 담당자로 일하는 동안 나는 마케팅의 역할과 기능이 점점 더 복잡하게 변화하는 과정을 지켜볼 수 있었다. 그리고 고객사의 구매 부서가 점차 전문성을 축적해 나가면서 세일즈 조직이 이들을 상대하는 데도 상당한 시간과 비용이 드는 것을 체감했다.

영업 환경이 이렇게 변화하면서 상품의 기능보다는 가치에 기반을 두어 영업을 해야 한다는 공감대가 확산되었다. 아울러 세일즈 프로세스 자동화에 대한 필요성이 늘어났으며 세일즈 관리 시스템의 도입과 구축에 소요되는 투자 규모도 커졌다.

이 변화들을 지켜보며 나는 세일즈가 기업 경영에서 가장 핵심이 되는 요소임을 깨달았고 세일즈에 대한 체계적인 학습의 필요성도 절감하였다. 지난 십여 년간 나는 '밀러 하이먼의 전략적 판매(Miller Heiman's Strategic Selling)'와 같은 세일즈 방법론에 대한 교육을 받고 자격증을 취득하기도 하면서 나만의 세일즈 기법과 관리 노하우를 개발해왔다. 이 과정에서 나는 이 책의 저자인 조너선 휘스먼에게 큰 도움을 받았다. 그는 우리 회사의 과거 실적을 분석하고 그 결과에 기반해 세일즈팀을 체계적으로 교육했다. 또 영업 사원의 채용 과정에도 관여하여 훌륭한 지원자들을 가려낼 수 있도록 도움을 주었다.

이 책은 내가 조녀선과 함께 씨름하였던 과제들과 그 해결책을 일목요연하게 정리하고 있으며 세일즈 분야에서 오랜 경험과 시행착오 끝에 찾아낸 비법, 즉 결과의 차이를 만들어내는 중요한 변수들과 그것들을 관리하는 프레임워크를 독자들에게 제공한다.

시간이 갈수록 세일즈 목표는 점점 높아지지만 그것을 달성해내는 것은 매우 소수의 팀이나 개인들이다. 그리고 극히 일부만이 목표를 초과 달성한다. 그런데 목표를 달성해내는 개인이나 팀들에게는 한 가지 공통점이 있다. 매년 최고의 성과를 만들어내는 팀들을 보면 '강한 장수 밑에 약한 병사가 없다'는 오래된 속담처럼 항상 탁월한 세일즈 리더가 있다는 점이다.

실적을 꾸준하게 잘 내는 세일즈 리더들은 팀 구성원들과 특별히 친밀한 관계를 유지하며 이들은 어떤 경우에도 핑계를 대거나 변명하지 않는다. 그리고 그들이 일하는 방식에는 분명히 개개인의 독특한 개성을 관통하는 공통적인 패턴이 있다. 이 책은 그들의 성공 패턴과 공식을 낱낱이 찾아서 밝힌다. 세일즈 리더들은 조직에 활력을 불어넣으며 최적화된 업무 리듬을 만들고 동시에 구성원들을 최고의 팀으로 조련해낸다. 그들이 조직을 운영하는 데는 분명 특별한 결과를 만들어내는 노하우가 있다.

그렇지만 탁월한 세일즈 리더라고 해서 특별한 아우라나 비범한 카리스마, 눈에 띄는 대인관계술 같은 마법은 없다. 그것은 비즈니스의 여타 기능과 마찬가지로 세일즈 관리도 하나의 과학이기 때문이다. 세일즈는 프로세스며 식별 가능한 변수들로 구성되고 그러한 변수들을 적절하게 관리하고 통제할 경우 일관성 있는 결과를 낼 수 있다.

이 책은 발전해가는 조직과 현재에 안주하지 않고 늘 귀를 열어 듣고 배우려는 개인들에게 더 큰 가능성을 제공할 것이다. 나는 이 책에서 제시하는 이론과 개념을 실제로 내가 몸담아온 모든 조직에서 매번 효과적으로 활용했다. 저자는 이 책에서 세일즈란 고립된 단일 프로세스가 아님을 강조한다. 처칠(Churchill, Winston Leonard Spencer)의 표현을 빌리자면 그것은 단지 '시작의 끝'일 뿐이다. 부디 이 책을 열린 마음으로 읽으면서 여러분들도 세일즈 보스로서 변신을 이뤄나가기 바란다.

파르사겐 디아그노스틱스사(Parsagen Diagnostics Inc)의 CEO 및 사장,

루벤 살리나스(Ruben Salinas)

최고의 실적을 내는 세일즈팀에서 일해본 사람이라면 그러한 결과가 외부 사람들에게는 마술처럼 보일 수도 있음을 안다. 매출은 별다른 노력 없이도 저절로 오르는 것처럼 보이고 벤더, 부품 공급 회사, 잠재고객 및 고객, 회사 경영진과 세일즈팀 모두가 그저 우아하게 춤을 출 뿐인데 매출은 계속 늘어난다. 그런데 밖에서 보면 마치 마술처럼 보이는 것들이 실제로는 정교한 계획과 실행의 결과물이다.

나는 세일즈의 성공적인 계획과 실행의 중심에 세일즈 리더가 있다고 믿는다. 특정 기업의 실적이 부진하다면 그 원인의 중심에는 반드시 세일즈 리더가 있다. 그렇지만 애석하게도 반대의 경우에는 동일한 논리가 항상 성립하지는 않는다. 회사의 실적이 좋다고 해서 반드시 세일즈 리더 때문이라고 할 수는 없는 것이다. 세일즈 리더의 영향력에 대한 야박한 평가로 보일 수 있으나 사실이다.

당신이 세일즈 조직의 리더라면 비즈니스가 잘될 때는 칭찬을 받기도 하지만 어려울 때는 비난을 뒤집어쓰기도 한다. 이 모두가 업무 공과에 대한 기업 문화의 현실이니 그대로 받아들이라고 조언하고 싶다. 만일 세일즈 리더로서 성공하고 싶다면 그러한 어려움도 받아들여야 한다. 비즈니스가 부진을 면치 못할 때는 오직 당신만이 비난받아 마땅하다고 스스로 인정해야 한다.

- 만일 마케팅 부서가 적재적소에, 적절한 어조의 메시지를 내놓지 못한다면 그것은 세일즈 리더인 당신의 책임이다.
- 고객 서비스 부서가 훌륭한 서비스를 제공하지 못한 결과로 회사의 평판이 좋지 않다면 그것도 세일즈 리더인 당신의 책임이다.
- 회사의 제품이 시대에 뒤떨어지고 현재 시장의 요구를 충족하지 못한다면 그것 역시 세일즈 리더인 당신의 책임이다.
- 당신의 회사가 경쟁력 있는 근무 조건을 제공하고 있지 않다면 그것 또한 세일즈 리더인 당신의 책임이다.
- 당신의 회사가 '그 어떤 것이라도' 잘하고 있지 못하다면 그것은 전적으로 세일즈 리더인 당신이 책임져야 할 몫이다.

결과에 대해 전적으로 책임을 지는 자세의 힘은 결코 과소평가할 수 없다. 그것은 매우 중요하다. 현재 몸담은 조직에서 스스로 책임지는 태도나 마음가짐이 없다면 떠날 수 있을 때 떠나는 것이 옳다. 그곳에서 절대로 최고 수준의 성과를 낼 수 없을 것이기 때문이다.

세일즈 리더는 보상이 큰 일이지만 그만큼 해야 할 일도 많다. 실제로 나는 세일즈팀을 최고의 수준으로 관리하는 리더를 '세일즈 보스'라고 부른다. 보스는 그저 관리하는 데 만족하지 않는다. 세일즈 보스가 어

떻게 스타급 직원들을 채용하고 훈련시키는지, 그리고 그들을 통해 탁
월한 성과를 내는지 그 진짜 비결을 이 책에서 발견할 수 있을 것이다.

조너선 휘스먼

영업 조직을 이끌어온 지 제법 해가 쌓이고 보니 그동안 경험하고 생각해오던 것들을 정리해서 책을 한 권 쓰겠다는 생각을 하게 되었는데, 어느 날 서점에서 우연히 『세일즈 보스(The Sales Boss)』라는 책을 발견하였다. 제목에 낚여 호기심에 집어 들고 한 장 두 장 책장을 넘기다 보니 호기심은 금세 놀라움으로 바뀌었고, 나도 모르게 고개를 끄덕이면서 몰입해 읽어 들어가다 마침내 그 책을 번역하기에 이르렀다.

독자에서 시작하여 역자가 되어 이 저작과 씨름하다 보니 어느새 몇 분기가 지나고 해가 바뀌었다. 이 책은 그동안 내가 책으로 한번 써야겠다고 생각했던 내용들을 다루고 있었기에 마치 책을 직접 쓰는 마음으로 번역 작업에 깊이 몰입하였고, 그래서인지 번역 작업은 더욱 더디게 진행되었던 것 같다.

이 책을 번역하면서 나는 서로 살아가는 문화권은 다르더라도 영업과 영업 조직의 관리를 관통하는 일관된 체계가 수립될 수 있으며, 이는 다양한 영업 조직에 충분히 적용 가능한 기술의 영역이라는 점을 더욱 강하게 확신하게 되었다.

저자는 영업 분야의 컨설턴트로서 수많은 회사들의 영업 조직을 컨설팅하며 수많은 직간접 경험을 쌓아왔다. 그는 영업직에 종사하며 실적에 대한 고민을 하고 있는 수천 명의 사람들을 만나 보았고, 2500번 이상의 고객 미팅을 참관하기도 하였다. 그 과정을 통해 성공적인 영업 조직을 만들기 위해 어떻게 구성원들을 채용하고 관리 체계를 만들어야 하는지, 어떤 리더십을 발휘해야 하는지에 대해 깊은 통찰력을 지니게 되었을 것이다. 『세일즈 보스』는 그 경험과 통찰력을 담은 책이다. 나는 이 책에서 영업 관리자로서 고민해오던 수많은 문제들에 대한 해답을 얻을 수 있었다.

그는 단순한 영업 관리자(세일즈 매니저)가 아니라 '세일즈 보스'에 대해 이야기한다. 영업 사원으로서의 근면 성실만을 강요하는 관리자가 아니라 과학적인 방법론에 기반해 팀을 구성, 운영하고 그들에게 강한 동기를 부여함으로써 탁월한 성과를 내는 리더, 그것이 그가 말하는 '세일즈 보스'다.

나의 20여 년 현장 경험과 실적 압박을 받으면서 성과를 높이기 위해 끊임없이 노력해온 영업 조직 관리 경험을 통해 볼 때, 개별 영업 사원으로서 일을 잘하는 것과 영업 조직의 리더로서 성과를 내는 것은 차원이 다른 일이다. 영업 사원으로서 성공한 공식이 영업 조직을 성공적으로 이끄는 데 그대로 적용되지 않는다는 사실은 일상적으로 마주하는 현실이다.

이 책은 나뿐만 아니라 나와 같은 고민을 하는 사람들, 영업 조직을 맡고 있는 모든 리더들이 읽어보면 좋은 책이다. 또 좋은 제품을 내놓고도 저조한 실적에 좌절하는 CEO들, 그리고 현재 영업 조직의 수준을 한 단계 높이고 싶은 기업의 임원진들에게도 시야를 넓혀주는 계기가 되어 줄 것이다. 현재 영업 분야에 몸담고 있으면서 앞으로 훌륭한 관리자나 리더가 되고 싶은 사람, 장차 영업 임원과 경영자를 꿈꾸는 이들에게는 꿈을 앞당겨 실현시켜주고 성공의 가능성을 높여줄 것이다.

사회 전반적으로 변화에 대한 희망과 기대가 크지만 올해도 여전히 그동안 드리웠던 짙은 불황의 안개가 쉬이 걷히지 않을 것이고, 개인과 기업들의 생존을 위한 절박한 몸부림은 계속될 것이다. 이러한 때에 제 대로 된 영업 무기로 무장한 측과 그렇지 못한 측의 성과는 확연히 나뉠 것이다. 이 책이 영업의 칼을 벼리는 개인과 조직에 유용한 도구가 되어, 영업 업무를 담당하는 개인과 조직에 생존의 필살기가 되길 기대한다.

우미영(한국 마이크로소프트 전무)

PART 1
세일즈 보스
DNA

01

세일즈 보스의
임무

세일즈 보스의 과제는 원가와 비용을 충분히 넘어서는 매출을 달성하는 것이다. 세일즈 보스가 되려면 다른 사람들을 통해서 최고의 결과를 이끌어내는 기술을 배워야 한다. 다른 사람들이란 때로는 내 팀의 구성원들일 수도 있지만 많은 경우 마케팅, 고객 서비스, 재무, 제품 개발 등 회사 내 유관 부서에 있는 사람들일 것이다. 이 모든 분야가 세일즈 팀의 실적에 영향을 준다. 당신의 성공은 팀의 실적과 관련한 모든 요소를 조율하고 영향력을 발휘하는 능력에 달려 있다. 세일즈 보스는 절대로 '그건 제 일이 아닙니다'라고 말하지 않는다. 대신 스스로에게 질문한다.

'내 소관 업무는 아니지만 문제를 해결하기 위해 어떻게 나의 영향력을 발휘하는 게 좋을까?'

세일즈 보스의 역량만큼 회사의 성공에 결정적인 것은 없다. 회사의 규모가 작을 때는 영업 인력 개개인이 가장 중요하지만 회사가 성장하면서는 개별 영업 인력의 중요성은 줄어들고 노련한 영업 관리자(세일즈 매니저)의 중요성이 더 커진다.

작든 크든 세일즈 조직의 리더를 두는 회사의 경우 영업 사원을 채용하고 교육하여 그들이 성공할 수 있게끔 지원하는 모든 일들이 세일즈 리더의 몫이다. 중견 기업 CEO의 95퍼센트가 과거 세일즈 리더의 이력을 보유하고 있다는 최근의 연구 결과는 세일즈 리더의 역할이 얼마나 중요한지 보여준다. 세일즈 리더 역할의 중요성은 자명하다. 문제는 기업 전체 조직의 성패가 세일즈 리더가 얼마나 자신의 일을 잘 수행하느냐에 달려 있다는 것이다.

이 책에서는 먼저 사람을 관리하기 위해 알아야 할 중요한 진실 몇 가지를 살펴볼 것이다. 인간 본성에 대한 이해는 매우 중요하다. 잘 만든 기획안이나 화려한 보고서, 그 어느 것도 '영업'을 대신하지는 않는다. 영업은 인간이 하는 것이고 인간은 복잡한 존재다. 그래서 '사람이 관여하지만 않는다면 비즈니스는 훨씬 쉬울 것'이라고 비즈니스 멘토 한 분이 나에게 얘기한 적이 있다.

다음으로는 세계 일류의 영업 조직을 만들기 위한 과정을 살펴볼 것이다. 새로운 조직이나 일을 맡으면 처음 30일 동안 무엇을 할 것인지, 영업 직원을 뽑기 위해 채용 공고문은 어떻게 작성해야 하는지, 지원자 인터뷰는 어떻게 해야 하고, 스타급 영업 사원은 어떻게 가려내야 하는지 등에 대한 해답을 얻을 수 있을 것이다.

또 IT 시스템, 소통 방법, 실적 보상 체계 및 상여 시스템 구성 등 세일즈 보스의 역할을 수행하기 위해 알아야 하는 지식과 팀원들을 코칭하고 멘토링하는 구체적인 방법도 논의할 것이다. 이 책의 전반적인 내용은 세일즈 조직의 구성과 운영에 관한 것이지만 최고의 세일즈 리더는 항상 회사 및 조직 전체에 영향력을 발휘할 필요가 있음을 기억하기 바란다. 고쳐야 할 문제가 있다면 그것이 공식적으로는 당신이 맡고 있는 영업 조직의 영역 밖이라 해도 반드시 개선 방법을 찾아야 한다. 이 책은 자기계발을 원하는 세일즈 조직의 관리 책임자뿐만 아니라 현재 조직에 임명된 세일즈 리더를 평가하고 싶거나 세일즈 리더 자리를 신설하고 싶은 기업의 대표들에게도 큰 도움이 될 것이다.

만일 세일즈 리더로서 당신 자신의 자질을 평가하거나 당신 회사의 세일즈 리더를 평가할 간단한 체크리스트 정도를 확인하고자 이 책을 읽고 있다면, 세일즈 리더의 일을 지나치게 단순한 일로 오해하고 있지는 않은지 생각해봐야 한다. 이 책의 전체 내용을 정독한 후 당신 자신이나 당신 회사의 세일즈 조직 리더가 책에서 제시하는 세일즈 보스의 모습에 부합하는지 솔직하게 심사숙고하는 시간을 가져보라.

훌륭한 세일즈 보스가 되기 위해 무엇이 필요한지를 이해하려면 이 책 전체를 꼼꼼하게 읽는 것이 좋으나 당장 도움이 시급한 영역이 있다면 해당 주제부터 읽어도 좋다. 다만 이 책에서 제시한 개념들을 전체적으로 조화롭게 활용할 때 최상의 결과를 기대할 수 있다는 점을 염두에 두기 바란다. 이 책에서 제시하는 내용들은 실제로 그 효과를 검증한 것들이다. 나는 전적으로 세일즈팀의 조직력과 영업력에 의해 운영되는 기업들을 수없이 설립하고 경영하고 매각한 경험이 있다. 이 책에 쓴 문장 하나하나는 온전히 내가 실제로 시도해본 경험에 기반을 둔 것이다.

또 이 책은 내가 지난 15년간 세일즈 컨설턴트로서 다양한 업계의 최상위 브랜드 기업들의 세일즈 조직과 일했던 경험을 토대로 쓴 것이다. 나는 통산 2500회 이상의 고객 미팅에 참여하였고 영업 인력의 코칭 및 교육 말고도 수백 회가 넘는 영업 회의에 참여하여 세일즈 리더들의 회의 운영 기술과 진행 능력을 직접 지켜보았다. 그리고 세일즈 리더들이 코칭 능력과 영업 관리 기술을 개발하는 데 도움을 주기도 하였다.

고객들과 일하면서 나는 고객들이 고객관계관리(CRM) 시스템을 어떻게 활용하는지, 어떻게 마케팅을 하고 잠재 고객을 발굴하는지, 그리고 새로운 영업 사원들을 어떻게 채용하고 교육하는지 관찰할 수 있었다. 또 기업에서 고객관계관리 시스템이나 영업 관리 시스템을 도입하여 영업 사원들이 실제로 시스템을 업무에 활용하는 것이 얼마나 어려운 일인지를 지켜보았고, 시스템의 활용도를 높이기 위해 회사가 실시하는 여러 노력들에 대해 일선 영업 담당자들이 어떻게 반응하는지도 목격하였다. 이 과정에서 내가 이해하고 깨달은 점도 공유할 것이다.

세일즈 컨설턴트로서 일하기 전에 나는 한 이단 종교와 깊이 연관된 삶을 살았다. 해당 종교 집단 내에서 나고 자라 성인이 된 후 집단을 이탈하는 특별한 경험을 했다.

내가 이런 개인적인 인생사까지 언급하는 이유는, 이단 종교의 온갖 폐해를 보았지만 그곳에서 겪은 일을 통해 인간이 자기 자신과 자신을 둘러싼 환경에 대응하며 어떻게 신념과 가치관을 형성하는지 알 수 있었기 때문이다. 나는 개인의 신념이 일상적인 행동에 미치는 힘을 목도

할 수 있었으며 오랫동안 뿌리박힌 습관을 어떻게 극복하고 바꿀 수 있는지도 배웠다. 내가 속했던 종교 집단은 인간 본성에 관한 거대한 실험실이었다. 지도부를 포함한 집단 전체가 순수한 자발적 동기로 참여하는 사람들이었다. 그러한 경험을 통해 나는 돈이나 실업에 대한 공포 말고도 사람들을 동기부여할 수 있는 수많은 방법들이 있다는 것도 알 수 있었다.

나는 1만 시간 이상 집집마다 방문하여 내가 속한 종교 집단을 홍보하였으며, 수많은 사람들을 이끌어 교육하고 그들이 나를 따라 그 종교 집단을 전도하고 선전하도록 멘토링하였다. 또 막대한 시간을 들여 일대일 코칭에도 힘을 쏟았다.

이처럼 '종교 세일즈 조직'을 꾸리고 팀원들의 활동을 관리하는 것은 기업의 세일즈 조직을 이끄는 것보다 여러 가지 면에서 훨씬 어려운 일이었다. 나는 금전적인 보상을 받지도 않았으며 반대로 개종의 대가로 고객에게 지불할 수 있는 돈도 없었다. 그 종교 집단의 일원이 되기 위해 무급 자원봉사자가 되어야 했고 가족과 수많은 인간관계를 포기하며 아웃사이더로 살아야 했다. 종교 영업이 직업은 아니었지만 나의 영업 성사율은 꽤나 높았다. 이렇듯 인간 본성의 내면을 직접 관찰하면서 얻은 깨달음 덕분에 나는 기업을 위한 최고의 영업 사원들을 찾아내고 그들을 교육, 코칭, 멘토링하는 일을 도울 수 있었다. 나는 그 종교의 가르침을 끝내 거부했지만 그때의 경험이 성공하는 세일즈팀을 새롭게 만들거나 저성과 조직을 고성과 조직으로 바꾸는 데 필요한 통찰력을 길러주었다.

이 책에서 나는 탁월한 성과를 내는 최고의 팀을 만들기 위해 세일즈 보스가 집중해야 할 중요한 영역들에 대해 설명할 것이다. 지속적으로 경쟁자를 제압하고 승리를 쟁취하는 최고의 세일즈팀을 원한다면 가장 중요한 것은 당신 스스로 최고의 세일즈 리더가 되는 것이다. 최고의 영업 사원은 평범한 보스 밑에서 일하고 싶어 하지 않는다. 자, 이제 게임을 시작할 준비가 되었는가?

이 책을 읽으면서 스스로 적용해볼 만한 아이디어들은 별도로 표시해두기 바란다. 익숙한 내용을 발견하면 '이미 들어본 것'으로 지나치기보다는 '내가 이것을 얼마나 잘 적용해왔는가?'라는 질문을 던져보라. 처음 접하거나 수긍하기 힘든 내용을 발견한다면, '이것이 참이라면 나의 성과에는 어떤 영향을 줄까?' 또는 '내가 이것에 동의하지 못하는 이유는 뭘까?'라는 질문을 자신에게 던져보라.

이 책에서 제안한 모든 아이디어 중 당신이 수용하지 않기로 결정한 아이디어는 그 이유를 특히 확실하게 짚고 넘어갈 것을 추천한다. 내가 제시하는 아이디어들이 모든 기업의 상황에 맞을 것이라고는 생각하지 않으나 적절하게 적용한다면 반드시 효과를 볼 수 있는 방법들이다. 변화는 약간의 불편함을 수반할 때만 일어난다는 점을 명심하고 제시된 아이디어들을 받아들여주기를 바란다. 나의 목표는 독자들이 책을 읽으면서 각자가 처한 현 상황의 문제점을 스스로 자각하고 나아가 지금보다 더 나은 리더로 거듭날 수 있다고 생각하게 하는 것이다.

보스의 역할을 맡는 순간 당신은 세일즈 조직을 이끌게 됨과 동시에 경영진의 일원이 되는 것이다. 더 이상 영업팀의 '아무개'가 아니다. 세일즈 리더로서 유관 부서의 책임자들이나 동료 매니저들과 좋은 관계를 유지하는 것은 최고의 성과를 내는 데 반드시 필요한 요소라는 점도 기억하자. 세일즈 분야에서 사용하는 업무 도구들은 워낙 빠르게 변하므로 당신이 추가로 활용할 만한 도구들을 필자의 웹사이트에서 다운로드받을 수 있도록 했다. 필자의 웹사이트인 www.jonathanwhistman.com을 방문해보기 바란다.

신성한 리듬

; 영업 조직에 리듬이 필요한 이유

나는 재즈를 좋아한다. 최고의 성과를 내는 영업 조직의 문화를 설명하는 데 재즈 클럽만큼 훌륭한 비유 대상도 드물다. 멋진 재즈 클럽에 들어가는 당신의 모습을, 하루 종일 힘들게 일해서 지친 데다 전혀 즐기고 싶은 기분도 아니지만 우연히 클럽으로 들어서는 당신의 모습을 상상해보자. 무슨 일이 일어나는가? 당신은 어느새 리듬에 몸을 맡기고 발로 박자를 맞추고 있지 않은가? 곧 리듬을 타며 몸 전체를 흔들고 얼굴에는 미소가 퍼질 것이다. 주위를 둘러보면 모든 사람들이 리듬에 맞춰 몸을 흥겹게 움직이고 있을 것이다. 이런 경우 대개 처음 계획보다 클럽에 오래 머물게 된다.

무슨 일이 일어난 것일까? 당신은 이미 거부할 수 없는 리듬에 감염되어 벗어날 수 없게 된 것이다. 비트는 곡 전체의 흐름을 알려주면서 당신을 리듬에 올라타도록 이끌 것이다. 또 밴드가 어떻게 구성되어 있는지도 알려준다. 뛰어난 재즈 앙상블은 각 연주자가 저마다의 즉흥 연주로 리프를 타다가 어느 순간 자연스럽게 제자리로 돌아오는 형식으로 구성된다. 한 연주자가 자신만의 선율을 타기 시작하면 다른 연주자들은 해당 연주의 아름다움이 최대한 돋보이도록 뒤로 물러나주어 청중들은 각 연주자들이 내는 놀라운 선율을 음미할 수 있다. 결국 전혀 즐길 생각 없이 클럽에 들르더라도 훌륭한 연주는 당신을 음악에 빠지게 한다.

좋은 조직 문화를 만들고자 할 때 우리가 추구하는 것도 바로 이런 모습이다. 세일즈 리더는 새로운 구성원이 들어왔을 때 팀이 연주해온 특유의 리듬에 빠르게 전도되어 궁극적으로는 팀에 동화될 수밖에 없는 동기부여의 환경을 만들고 싶어 한다. 이러한 환경에서 새로운 구성원은 마치 자신만의 즉흥 연주로 우수한 기량을 발휘한 재즈 뮤지션처럼 자신의 능력을 발휘한 후 다시 팀의 리듬과 비트 속으로 돌아간다. 다른 구성원들은 그동안 그를 지원해주고 팀의 성공에 자연스럽게 합류하도록 해준다. 때로는 매우 노련한 영업 사원들조차도 슬럼프에 빠질 때가 있는데 세일즈 리더는 그럴 때라도 팀 구성원들이 상황을 극복하고 헤쳐 나갈 수 있는 분위기를 조성할 수 있어야 한다. 당신의 팀 문화는 과연 이러한가? 아니면 당신의 팀은 비트를 잡지 못해 허둥대는 초등학교 밴드 같은가?

나는 리듬을 가지고 운영되는 세일즈 조직들을 관찰해왔다. 리듬은 사람들에게 변화의 힘을 준다. 리듬을 잘 갖춘 세일즈팀에서 일하는 한 영업 사원을 인터뷰했을 때 그녀는 흥분하며 말했다.

"월 마감이 다가오면 사무실 내부에서 어떤 에너지를 느낄 수 있어요. 매번 그래 왔듯이 이번 달에도 목표를 초과 달성할 수 있다는 확신으로 모두 생기가 넘치지요. 동료들의 자리를 둘러보면 누구에게서나 그 템포를 느낄 수 있어요."

이것이 바로 리듬의 마술이다. 이 회사의 복도를 따라 걷다보면 대형 TV 스크린이 걸려 있다. 스크린마다 영업 사원들의 최신 영업 실적, 최근 경쟁사에 빼앗긴 고객들 그리고 빼앗아와야 할 고객 목록을 보여준다. 팀원들은 경쟁사에 지고 싶지 않기 때문에 수주에 실패하는 경우도 많지 않다.

이런 회사에 입사하여 출근하는 자신의 모습을 상상해보라. 어떤 생각이 들까? 훌륭한 팀과 함께 일하며 더 좋은 결과를 만들어낼 수 있을 것이라는 확신이 들지 않겠는가? 분명 새로운 A급 조직에서 스스로를 증명해보고 싶은 마음이 들 것이다. 이것이야말로 세일즈 보스로서 당신이 만들고 싶은 환경이며 이런 분위기를 만들 수만 있다면 실적은 따라올 수밖에 없을 것이다.

이 모든 것은 팀의 고유한 리듬에 달려 있다. 당신은 팀원들이 게임을 어떻게 전개할지 알려주는 리듬을 만들었는가? 훌륭한 보스는 '리듬이 있는 리더십'을 발휘할 줄 안다.

리듬은 왜 필요한가? 영업 조직에 있어 리듬이란 구성원들이 지속적으로 따를 수 있는 잘 정립된 의식이나 절차를 뜻한다. 매일매일 진행하는 팀원들과의 의사소통, 팀원 전체가 참석하는 주간 회의, 월간 미팅 등은 가장 기본이 되는 리듬이다. 각 미팅의 진행 방식과 내용도 하나의 리듬이 될 것이다. 이러한 업무상의 리듬을 통해 팀원들은 우리 조직만의 고유한 박자가 무엇이고 자신들이 어떻게 그 박자에 맞춰야 하는지 알게 된다.

실적이 부진한 조직에서 흔히 볼 수 있는 문제 중 하나는 리듬이 없다는 것이다. 리더는 분명 월간 미팅 일정을 잡긴 한다. 그러나 미팅이 있기 며칠 전에 예상 못한 출장이나 행사로 일정을 다른 날로 옮긴다. 얼마 지나지 않아 월간 미팅은 분기 미팅이 되고, 이런 운영의 엉성함은 팀의 곳곳에 스며든다. 주간(Weekly) 코칭 세션은 설사 진행되더라도 대충(Weakly) 넘어가고 마는 세션이 되어버린다. 사무실 분위기는 신바람이라곤 전혀 찾아볼 수 없고 함께 축하할 만한 일도 줄어든다. 마치 자신의 체력보다 빠른 속도로 설정한 러닝머신 위를 달려온 사람들처럼 허겁지겁 월 마감을 끝낸 후 진이 다 빠진 상태로 새로운 달을 시작한다.

이런 리더들은 채용 결정도 제대로 내릴 줄 모르고 사람을 뽑았다 내보내는 과정을 반복한다. 팀의 화합이나 응집력에는 균열이 생기고 신규 입사자보다 못하면 안 된다는 긴장 자체가 팀원들에게 없다. 기존 직원들은 새로운 사람이 자리를 잘 잡아 성공하도록 도와주자는 마음보다는 '어디 두고 보자'는 부정적인 마음으로 신입 직원들을 대한다. 그 과정에서 리더는 신용을 잃어간다. 이러한 현상은 하루아침에 일어나는 마법이 아니라 죽음의 키스처럼 조직을 서서히 고통스럽게 죽음에 이르게 한다. 세일즈 보스는 이런 상황을 용인하지 않는다.

당신은 재즈 클럽의 에너지와 음악 그리고 리듬을 책임지는 사람이다. 사람들을 춤추게 하고 오래 머무르게 하고 싶은가? 리듬을 만드는 것은 클럽 안에서 일어날 일들을 결정하는 것이다. 그 리듬을, 꼭 지켜야 하는 신성한 것으로 정착시킬 수 있다면 사람들은 자연스럽게 리듬에 따른 박자를 이해하고 의지하기 시작할 것이다.

물론 모든 것이 신성할 수는 없다. 어느 정도 융통성도 필요하다. 하지만 우리가 반드시 중요하게 여기고 존중하고 헌신해야 하는 일들이 있기 마련이다. 리더로서 당신의 역할은 신성하게 여겨야 할 일들을 결정한 후, 팀 구성원들이 그것을 확실히 인지하고 지키도록 하는 것이다. 이 책은 영업에 있어 어떤 요소들을 신성하게 다루어야 하는지 알려줄 것이다. 당신이 맡은 조직의 상황을 고려하여 가장 중요한 것들을 선택하기 바란다.

다음 장으로 넘어가기 전에 당신 조직의 리듬은 몇 점인지, 팀원들은 당신이 정립한 리듬을 어떻게 평가할지 한번 생각해보자.

03

훌륭한
세일즈 매니저(세일즈 리더)가
되기 위해
필요한 것들

조직에서 세일즈 매니저를 뽑는 과정은 대체로 비슷하다. 일반적으로 성과가 가장 좋은 영업 사원이 매니저로 승진한다. 이렇게 승진한 사람이 리더로서 새로운 역할을 잘해내기도 하지만 힘겨워하는 경우도 적지 않다. 영업 사원으로서 성공한 요인이 리더 역할에는 오히려 방해가 되기도 하기 때문이다.

그렇다면 훌륭한 세일즈 리더(세일즈 보스)를 만들어내는 요인은 무엇일까? 성공한 사람들은 겉으로는 매우 다양한 스타일을 지니고 있는 것처럼 보이므로 공통점을 찾아내기는 쉽지 않다. 그렇지만 나는 최고의 세일즈 보스들이 공통적으로 지니는 중요한 리더십 유전자를 발견할 수 있었다.

첫째, 세일즈 보스는 영업 사원 출신이지만 대체로 팀 내에서 최고로

실적을 잘 내던 사람은 아니다. 물론 여기에는 해당 팀이 고성과자들로 구성된 조직이라는 전제가 필요하다.

왜 그런 것일까? 영업의 세계에는 '영업의 필수 항목' 같은 것들을 배워서 터득하지 않고도 매우 탁월한 성과를 내는 사람들이 있다. 소위 '타고난 영업 사원'들이다. 이들에게 영업이란 너무 자명해서 말로 설명하기는 어려운 일이다. 이런 부류의 영업 사원들을 잘 관리하는 매니저는 보통 참견하지 않고 내버려두는 사람들이다. 타고난 영업 사원들은 겉으로는 전혀 성공할 것 같지 않아 보여도 시계처럼 매달 때가 되면 실적을 딱딱 맞춘다. 내가 맡은 영업팀에 그런 직원이 있다면 아주 복 받은 일이겠지만 대부분 그들이 팀을 맡게 되면 최악의 매니저가 된다.

이들에게 세일즈팀을 맡기면 안 되는 이유는 그들이 일하고 성공하는 방식을 다른 사람에게 가르칠 수 없기 때문이다. 그들은 영업에 어려움을 느껴 본 적이 없다. 그들에게 영업은 항상 자명한 일이었다. 세일즈에 대한 공부를 따로 할 필요가 없었고 어려움을 극복하기 위해 새롭고 창의적이거나 반직관적인(기술적인) 영업 방법론을 도입할 필요도 없었다. 리더로서 실적 압박을 받으면 이들은 구성원들에게 지속적으로 적용할 수 있는 영업 기술을 가르치기보다는 아마도 팀원들 대신 수주를 해주는 방식으로 상황을 극복할 것이다.

또 타고난 재능으로 리더가 된 사람들은 대개 관리자로서 해야 할 많은 일들을 지나친 간섭이라 여기고 꺼린다. 과거 자신에 대해 아주 세세한 부분까지 관리하던 매니저들이 불편했기 때문이다. 결국 그들은 프로세스 관리를 힘겨워하며 영업 사원으로서 지녔던 장점들마저도 잃어버리게 된다. 이런 타고난 고성과자들은 매니저로 승진시키기보다 차라리 조언이 필요할 때 자문을 구할 수 있는 사람으로 팀에 두는 것이 낫다.

이렇듯 성공 확률이 낮은데도 실패한다면 다시 팀원으로 복귀시키겠다는 계획으로 리더 역할을 주는 경우가 있다. 이것은 결코 좋은 계획이 아니다. 일단 팀의 리더로 임명되면 자신을 매니저로 인식하므로 다시 일반 팀원의 자리로 돌아갔을 때 그는 이를 실패나 좌천으로 받아들인다. 특히 고성과자는 조직에서 항상 대단한 사람으로 인정받아왔으므로 실패에 익숙하지 않다. 이런 상황이 되면 그는 불만을 품고 경쟁사로 이직할 가능성이 높다. 우리 회사의 최고 영업 인재가 경쟁사의 에이스 영업 사원이 되는 것, 이것은 결코 당신이 원하는 결과가 아닐 것이다.

영업 사원으로서 성공 경험은 있으나 팀에서 최고 성과자는 아니었던 사람들이 대체로 가장 훌륭한 매니저가 될 수 있다. 이들은 영업 사원들이 지닌 두려움과 여러 가지 감정들, 그리고 영업 세계의 현실을 직접 겪으며 이해하고 있으므로 팀원들에게 신뢰를 줄 수 있다. 또 이들은 높은 매출 목표를 할당받고 그것을 달성해야 하는 중압감을 직접 경험해본 사람들이다. 타고난 영업 괴물들과는 달리 영업 재능을 타고나지도 못했고 그러기에 성공을 위해 늘 공부해야 했던 사람들이다. 그들은 코칭이나 멘토링의 효과도 경험해보았으며 영업 역량을 키우기 위해 자신의 영업 활동과 태도를 늘 점검해온 사람들이다. 그들은 리더들의 도움을 받으며 성공해왔으므로 리더의 역할이 영업팀의 성공에 얼마나 중요한지 분명히 인지하고 있다.

둘째, 그들은 높은 수준의 감성 지능을 지닌 사람들이다

감성 지능이란 무엇인가? 감성 지능은 다음의 세 가지로 정의한다.

- 자기 자신과 타인의 감정을 파악하고 관리할 줄 아는 능력
- 감정을 억제할 줄 알고 사고나 문제 해결 시 감정을 잘 활용하는 능력
- 자신의 감정을 통제하고 관리하는 능력 및 타인을 고무하거나 진정시킬 수 있는 능력

감성 지능 지수가 높은 사람들이 더 나은 세일즈 리더가 될 수 있는 까닭은 명확하다. 만일 감성 지능의 개념에 대해 익숙하지 않다면 별도로 학습할 것을 권한다. 이는 당신이 조직의 리더로서 감성 지능 지수가 높은 사람을 구별해내거나 본인의 감성 지능 지수를 개선하는 데 도움이 될 것이다. 필자의 웹사이트에서 온라인으로 제공하는 도구를 활용하면 조직 내 관리자 후보군의 감성 지능 지수를 측정하는 데 도움이 될 것이다. 만일 당신이 이미 조직의 리더 역할을 수행하고 있다면 어떤 부분에서 당신의 감성 지능을 개선해야 할지를 파악하는 데도 이 도구들이 도움이 될 것이다. www.jonathanwhistman.com을 방문하여 감성 지능 측정 도구들을 활용해보기 바란다.

영업 관련 직업이 아니더라도 감성 지능이 소득과 직접적인 연관이 있음을 수많은 연구들은 밝혀냈다. 『감성 지능 코칭법(*Emotional Intelligence 2.0*)』이라는 책을 쓴 트래비스 브래드베리(Travis Bradberry)와

진 그리브스(Jean Greaves)는 개인의 감성 지능과 소득 사이에는 너무나 직접적인 연관성이 있으며 이를 수치화하면 감성 지능 지수가 1 올라갈 때 연간 수입이 1300달러나 증가한다고 주장한다. 이러한 연관성은 산업별, 직급별 및 지역별 편차에 크게 관계없이 동일하다. 현존하는 직업군 중 개인의 성과와 소득이 감성 지능에 영향을 받지 않는 직업은 거의 없다. 감성 지능은 영업 분야에서 특히 중요한데 영업 및 영업 관리 업무는 기본적으로 감정적이며 스트레스가 높은 직업이기 때문이다. 수주에 대한 압박이 심하거나 매우 중요한 딜에 실패할 상황에 놓일 경우 해당 영업 사원의 감성 지능을 조절해줄 리더가 필요하다.

셋째, 그들은 공을 인정받으려 애쓰지 않고 자존심을 세우지도 않는다

훌륭한 세일즈 리더들은 팀원들을 성공으로 이끌 때 더 큰 만족감을 얻는다. 우리는 훌륭한 세일즈 리더들이 본인이 받은 찬사를 팀원이나 조직 내 협력 부서의 공으로 돌리는 경우를 많이 보곤 한다. 더 나아가 훌륭한 세일즈 리더(세일즈 보스)는 자신의 자존심을 세우기 위한 언행을 하지 않으며 늘 팀 구성원들이 빛날 수 있는 방법을 찾는다. 팀원 중누군가가 의미 있는 딜을 수주하면 세일즈 보스는 수주를 위해 자신이했던 코칭이나 조언에 대해서도 드러낼 필요를 느끼지 않는다. 그저 결과를 칭찬할 뿐이다.

넷째, 그들은 균형 잡힌 분석력을 지녔다

세일즈 보스는 엑셀 같은 스프레드시트나 데이터를 무서워하지 않지만 그렇다고 숫자에만 무조건 의존하지도 않는다. 그들은 직감의 위력을 이해하며 직감에 따라 행동하기도 한다. 마찬가지로 데이터가 본인의 직감과 차이가 있어 업무 방향을 수정해야 할 때도 화내지 않는다. 또 그들은 지적인 호기심도 풍부하여 자신의 의견이나 이론을 전달할 때 데이터를 효과적으로 활용한다.

여기서 중요한 점은 세일즈 보스는 데이터에 지나치게 의존하지 않는다는 사실이다. 그들은 재무 데이터를 비롯해 실적과 관련한 숫자들을 잘 이해하고 이 지표들을 미래의 성과를 예측하는 데 활용할 수 있다. 또 결과를 개선하기 위해 필요한 조치를 파악하는 데도 데이터를 적극적으로 활용한다. 동시에 그들은 숫자 위주의 관점을 접고 인간적인 면을 우선시하는 태도를 발휘할 줄도 안다.

다섯째, 그들은 충성심을 이끌어낼 줄 알고 어떤 공간에서든 사람들의 관심을 모은다

훌륭한 세일즈 리더들은 집단적 영향력을 발휘할 줄 안다. 따라서 그들은 사람들의 충성심을 자극하여 아주 자연스럽게 존경을 받으며 리더로서 인정받는다. 때로 사람들은 리더에게 느끼는 충성심 때문에 기꺼이 맡은 업무를 수행하기도 하고 희생을 감수하기도 한다. 세일즈 보스는 조리 있는 화술을 갖추어야 하며, 대중 앞에 설 때엔 편안한 모습을 보일 수 있어야 한다. 이것이야말로 세일즈 보스를 수많은 평범한 세일즈 매니저들과 구분 짓는 자질이다. 세일즈 리더는 다양한 유형의 회의와 교육을 주관하고, 대형 고객사와 미팅을 주관하고 진행해야 하므로 어느 누구보다 공간 장악 능력이 필요하다. 세일즈 보스라면 여기에 더해서 가슴으로 진실하게 말하고 발표할 수 있어야 한다. 그럴 수 있을 때만 구성원들의 충성심을 불러일으킬 수 있기 때문이다.

여섯째, 그들은 판단하는 일에 익숙하다

다른 사람이나 다른 사람이 한 일에 대해 판단하고 지적하는 일에 어려움을 느끼는 사람들이 있다. 세일즈 보스에게 탁월한 판단력은 꼭 필요한 자질이다. 세일즈 보스는 매일 팀 구성원들의 실적, 마음가짐 및 능력에 대해 평가하고 판단해야 한다. 그렇지만 늘 그들의 판단을 뒷받침할 만한 충분한 데이터가 있는 것은 아니다. 세일즈 보스는 기본적으로 조직에서 겸손하고 섬기는 리더십을 발휘해야 하지만 동시에 기대 목표를 정하고 구성원들이 그것을 잘 지키는지 지속적으로 판단해야 한다. 그리고 잘 지켜지지 않거나, 변화가 필요한 부분에 대해서는 본인의 팀 구성원뿐만 아니라 타 부서 직원들에게도 편안하고 직접적으로 의사 표현을 할 수 있어야 한다. 자연스럽고 편안한 의사소통을 할 수 없는 사람은 결국 팀을 관리하는 데 실패하기 마련이다.

나는 '편안하게'라는 표현을 썼다. 이는 리더가 누군가를 평가하고 판단하는 역할에만 만족하거나 그런 일만 찾아서 해야 한다는 뜻이 아니다. 세일즈 보스는 사기만속만을 추구하는 사람들이 아니다. 그저 지켜야 할 것들을 지키지 않는 상황을 용납하지 않을 뿐이다. 그들은 정확한 판단력을 바탕으로 적절한 코칭과 멘토링을 수행하며 적시에 필요한 조치를 취한다. 만일 불편한 대화를 피하고자 습관적으로 이메일로 대응하고 있다면 당신은 세일즈 보스의 역할을 제대로 하지 않는 것이다.

지금까지 이야기한 여섯 가지의 자질을 모두 가진 사람이 최고의 세일즈 리더, 즉 세일즈 보스가 될 수 있다. CEO로서 회사의 세일즈 보스가 될 만한 인물을 찾고 있다면 이 여섯 가지 항목 중 한 가지라도 부족함이 있는 사람들은 제외해야 한다. 만일 당신이 현재 영업 조직을 맡고 있고 세일즈 보스가 되길 열망한다면 여섯 가지 자질 중 부족하다고 생각하는 부분에 더 많은 노력을 기울여야 한다.

이제 세일즈 보스에게 어떤 마음가짐과 기술이 필요한지 살펴보자.

핵심 관리 지침(Management Code)

리더로서 당신이 모든 행동과 선택의 근거로 삼아야 할 몇 가지 지침이 있다.

- 지나치게 세세하게 관리하지 마라. 다만 적극적으로 관여하라.
- 숨기거나 과장하지 말고 정직하라.
- 진실하라. 사람을 존중하고 사람에 대해 애정을 가져라.
- 온도계가 아니라 온도 조절 장치가 되어라.
- 신뢰하고 최선을 기대하라. 그러나 검증하라.
- 더 크게 보고 믿으라.

- 잘못은 나에게 있다고 생각하라.

팀원들과 함께 어떤 결정을 내리거나 무언가를 계획할 때, 그리고 당신 스스로 성과에 대해 평가할 때 위의 지침을 평가 기준으로 적용해보라. 성공으로 가는 확실한 길로 이끌어줄 것이다. 각 지침에 대하여 조금 더 자세하게 살펴보자.

지나치게 세세하게 관리하지 마라. 다만 적극적으로 관여하라

'마이크로 매니저(지나치게 세세하게 관리하는 사람)'라는 말은 관리 스타일을 조롱하는 말이다. 하지만 마이크로 매니저라는 말은 실제로 아주 넓은 의미가 있다. 전형적인 마이크로 매니저는 아주 세세한 사안에까지 개입하여 팀 구성원들을 지나치게 억압하는 환경을 만들고 결국 그들이 자신의 재능을 발휘할 수 없게 만드는 사람이다. 내가 '지나치게 세세하게 관리하지 마라. 다만 적극으로 관여하라'고 강조하는 것도 같은 맥락이다.

그런데 역설적으로 세일즈 조직의 리더들이 마이크로 매니저라는 말을 듣고 싶지 않은 마음에 세세한 부분들을 의도적으로 방관하여 영향력을 제대로 발휘하지 못하는 경우도 의외로 흔하다. 제대로 된 세일즈 리더라면 팀의 영업 사원들이 하는 일의 세세한 부분까지 충분히 이해하고 있어야 하며 필요하다면 리더로서 적극적으로 관여할 수 있어야 한다. 훌륭한 세일즈 매니저(세일즈 보스)라면 아주 세밀하고 미묘한 차이들까지도 알고 싶어 할 것이다. 세일즈 보스가 마이크로 매니저와 다른 가장 중요한 차이는 팀원의 업무 사안에 관여할 때 본인의 주장으로 통제하려 하기보다 팀원에 대한 진심 어린 호기심과 적극적인 관심에 기반을 두는 점이다.

아이가 나쁜 일에 빠지지 않았을까 하는 노파심에 사로잡힌 부모들의 태도와 아이에 대한 호기심과 적극적인 관심에서 우러나 아이의 하루 생활에 대해 묻고 대화를 나누는 부모들의 태도의 차이를 생각해보라. 후자의 경우 적극적인 관심에 기반을 두고 자녀와 대화를 하다 부모로서 반드시 개입할 사안을 발견한다면 당연히 자녀를 위해 필요한 조치를 취할 것이다. 이는 통제를 위한 개입과는 엄연히 다르다.

여기서 한 가지 유의할 점이 있다. 실적이 저조한 영업 사원을 다룰 때는 위의 지침을 반드시 따를 필요는 없다는 점이다. 전략적으로 압박을 줘야 할 상황에서는 마이크로 매니지먼트에 대한 죄책감을 지닐 필요가 없다. 그리고 영업 사원들이 '진행 중'으로 보고하는 사업들에 대해서 항상 어느 정도 확인과 점검은 필요하다. 이것은 마이크로 매니지먼트가 아니다. 당신이 팀원의 일에 관여하는 이유와 목적을 분명히 해야 한다. 그래서 마이크로 매니저라는 부하들의 평가를 걱정하여 관리가 느슨해지는 일은 없어야 한다.

숨기거나 과장하지 말고 정직하라

정직하지 않은 것만큼 신뢰를 깨는 것은 없다. 직원들을 대할 때 되도록 최대한 정직하려고 노력해야 한다. '되도록'이라는 표현을 쓴 것은 때로 회사 내에는 팀원들과 공유하기에 적절하지 않은 일들이 생길 때도 있기 때문이다. 하지만 그런 때라도 최대한 솔직하고 정직하려고 노력해야 한다. 최소한 함께 논의할 수 없는 어떤 일이 있음을 인정하고 '왜' 그런지 공유하도록 해야 한다.

또 세일즈 보스는 영업적인 숫자를 실제보다 좋게 보이려 포장하지 말아야 한다. 나쁜 소식이 있다면 빨리 공유해야 한다. 나쁜 소식은 와인과는 다르다. 시간이 흐른다고 절대 좋아지지 않는다. 어떤 계획을 구체화하거나 조치를 취할 때도 주변 사람들이 마음의 준비를 할 수 있도록 배려해야 한다. 팀원들을 놀라게 하지 마라. 실적이 나빠 내보낼 사람이 있다면 한참 전부터 부진한 실적에 대해 대화를 나누어왔어야 한다.

진실하라. 사람을 존중하고 사람에 대해 애정을 가져라

우리는 진실함에 끌리며 이는 우리 팀원들도 마찬가지다. 진실하려면 당신이 어떤 사람인지 그리고 당신의 생각이나 계획이 무엇인지에 대해 솔직해야 한다. 진실한 사람은 잘난 척하거나 가식적인 모습으로 다른 사람의 신뢰나 존경을 받으려 하지 않는다. 또 항상 옳거나 완벽하거나 모든 문제에 대한 답을 가지고 있을 필요도 없다. 타인에 대해 조금 덜 엄격할 수 있다면 그들이 당신을 신뢰하고 따르는 데 도움이 된다. 그것은 우리 모두가 인간일 뿐이며 항상 이상적인 결과를 만들어낼 수 있는 존재가 아니라는 점을 인성하는 것이다. 자신과 타인을 통해 최선의 결과를 얻어내려 애를 쓰되 사람을 그 자체로 바라보라. 그리고 일 외에도 그들의 삶이 있음을 인정하라. 직업에서의 '보스'에 그치지 않고 구성원들의 삶도 진실하게 보살필 수 있는 다면적인 인간이 되어야 한다.

온도계가 아니라 온도 조절 장치가 되어라

당신은 팀원들의 태도, 마음가짐 그리고 실적에 대한 최종 책임을 지는 리더다. 온도 조절 장치는 정해진 온도에 맞추어 실내 온도를 점차적으로 올리거나 내려준다. 반면 온도계는 현재 온도가 몇 도인지 알려줄 뿐이다. 새로운 세일즈 리더나 관리자가 부임하면 사람들은 그 존재 자체에 자신을 적응시킨다. 만일 당신이 리더로서 부정적인 태도나 전망을 지닌다면 팀도 자연스럽게 곧 같은 관점을 지니게 될 것이다. 리더는 자신의 팀에 확신을 갖고 가장 어려운 도전 과제에 대해서도 열정적으로 임해야 한다. 팀원들 스스로 자신의 능력을 확신하기 전에 당신이 그들을 먼저 믿어주어야 한다.

또 리더로서 휴식이 필요할 때 팀원들에게 부정적인 영향을 끼치지 않는 장소에서 휴식을 취해야 한다. 그리고 팀원들과 함께 있는 동안은 스스로 온도 조절 장치가 되어야 한다. 당신의 역할이 단순히 경영진에 영업 실적을 보고하는 일이라면 당신은 온도계일 뿐이며 곧 불필요한 존재가 되어 대체될 것이다. 세일즈 보스가 되고 싶다면 온도 조절기의 바늘이 되어 당신 팀을 둘러싼 주변의 온도를 조절하기 위해 어떤 역할을 해야 할지 깊이 생각해야 한다.

신뢰하고 최선을 기대하라. 그러나 검증하라

'신뢰하되 검증하라'는 말은 미국 대통령 로널드 레이건(Ronald Reagan)이 해서 유명해진 말이다. 실제로는 레이건이 러시아의 작가 수젠느 매시(Suzanne Massie)에게 배운 말이다. 그녀는 레이건에게 러시아

속담 'Doverya no proveryai, 신뢰하되 검증하라'는 말을 가르쳐주었다. 당시 레이건은 러시아와 미국 양국이 맺은 상호 협정이 제대로 지켜지는 것을 서로 확신할 수 있도록 충분한 검증 절차가 있어야 한다는 점을 강조하기 위해 이 말을 자주 했다. 세일즈 보스도 이 격언을 따라야 한다.

팀원들은 당신이 리더로서 그들을 신뢰한다는 사실을 알고 있어야 하지만 당신은 그들을 검증할 수 있는 방안을 가지고 있어야 한다. 이를 위해서 영업 사원들이 해야 할 일과 그에 대한 당신의 기대치를 명확히 설정해야 한다. 팀에 업무 리듬이 잘 정립되어 있다면 팀원들은 당신이 설정한 기대치가 지켜지는지 반드시 확인한다는 것을 알고 있을 것이다. 팀원들은 검증 절차가 있다는 것을 분명히 알고 검증 절차는 잘 짜인 업무의 일부가 된다.

만일 당신이 개인적인 의구심에 따라 검증 시점을 수시로 결정하면 검증 절차가 오히려 팀원들과의 관계를 해칠 위험이 있다. 향후 10장에서 성과 측정 지표에 대해 더 자세히 다룰 예정으로, 거기에는 '신뢰하되 검증하는' 좋은 예를 수록했다. '모든 영업 사원은 일주일에 ○○번의 고객사 방문을 수행해야 한다'는 형식으로 기대치를 분명히 설정해놓는다면 영업 사원들은 업무일지나 출장 영수증 혹은 기타 수단을 통해 당신이 그 실행 여부를 검증하리라고 예상할 것이다.

당신의 팀을 신뢰하라. 그러나 반드시 검증하라.

더 크게 보고 믿어라

당신은 팀원들보다 항상 넓은 시각을 견지해야 한다. 세일즈 보스라면 회사의 다른 어떤 이들보다도 더 넓은 시각으로 볼 수 있어야 한다. 항상 넓은 마음과 태도를 지녀라. 일상의 소소한 것들에 대해 이야기할 때도 그것들을 업무의 굵직한 흐름들과 연관 지을 수 있어야 한다.

'내가 판매하는 제품은 나의 고객들에게 어떤 영향을 주는가?'와 같은 생각이 그 예다. 나는 세일즈 컨설턴트다. 나는 기업들이 더 많은 상품을 판매할 수 있도록 돕는다. 나는 내가 일상적으로 수행하는 일보다 훨씬 큰 그림을 보고 믿기 때문에 항상 우리 회사의 컨설턴트들을 동기 부여 할 수 있다. 우리가 누군가를 훌륭한 세일즈 리더(세일즈 보스)가 되도록 가르치고 있다면 그것은 그들이 자신의 아이들에게 더 나은 삶의 질을 제공하는 부모가 되도록 도와주는 것이다. 우리의 컨설팅을 받고 누군가 더 나은 영업 실적을 달성하여 경제적인 성공을 이룬다면 그들이 새로운 암 치료법을 찾거나 문맹 퇴치와 같은 의미 있는 일들에 기부할 수 있는 경제적인 자유를 얻는 것이라 믿는다. 내가 열심히 일하면 그 결과로 세상이 변한다. 당신의 팀이 일을 제대로 해낸다면 어떤 일이 일어나겠는가? 더 크게 보고 더 큰 것을 믿어라.

잘못은 나에게 있다고 생각하라

일이 제대로 되지 않을 때 '내 탓'으로 인정하는 것이 중요하다. 천주교식 표현으로 '내 탓이오, 내 탓이오'다. 비록 내가 직접 통제할 수 있는 영역 밖의 문제라 해도 잘못을 인정해야 한다. 잘못을 인정할 때만 그 문제에 대해 어떤 식으로든 조치를 취할 수 있기 때문이다. 다른 부서가 당신의 팀을 비난할 때도 리더는 온전히 책임을 받아들여야 한다. 절대 팀원들에게 잘못을 떠넘긴다는 이야기가 나와서는 안 된다.

'제 탓입니다. 제가 ~ 했어야 했습니다'라는 단순한 말 한마디가 팀원들과의 신뢰를 유지하면서도 문제를 해결하는 데 큰 도움이 된다. 때로는 결과에 대해 다른 사람들을 비난하고 싶은 마음이 들기도 할 것이다. 그러나 세일즈 보스는 모든 것이 자신의 책임 하에 있다고 믿으며 잘못을 인정하기에 주저하지 말아야 한다. 이것이야말로 진정한 권력자의 자세다.

◆ ◆ ◆

위에서 언급한 모든 부문에서 당신은 얼마나 잘하고 있는지 스스로에게 끊임없이 질문해야 한다. 사람들이 자신의 실제 모습보다 스스로를 후하게 평가하는 것을 자주 본다. 이는 인간이 지닌 자연스러운 경향이긴 하다. 그러나 리더는 스스로의 문제점을 인지할 수 있어야 하고 일단 인지하고 난 후에는 반드시 그것을 개선하기 위해 조치를 취해야 한다. 주변의 신뢰할 수 있는 사람들에게 이 장에서 다룬 내용에 대해 당신에 관한 의견을 요청해보사. 솔식하게 대납하노녹 분위기를 만늘어줄수록 훨씬 더 의미 있는 이야기를 들을 수 있을 것이다.

이 책의 남은 부분에서는 세일즈 보스로서 타인을 이해하고 계발하는 내용을 다룰 것이다.

04

인간에 대한 진실

사람들 각각은 참 고유한 존재들이지만 조직을 운영하는 관리자의 관점에서 볼 때 다행스럽게도 사람들은 예측할 수 있는 범위 안에서 고유하다. 따라서 모든 인간에게 적용되는 몇 가지 근원적인 진실을 이해한다면 구성원들을 데리고 실적을 달성하는 것은 훨씬 쉬울 것이다. 신규 영업 인력을 채용하고 교육하는 절차, 그리고 팀 운영과 관련한 여러 고려 사항을 살펴보기에 앞서 사람에 대한 근원적 진실 몇 가지를 이해해보도록 하자.

　한편 성과가 높은 팀을 만들려면 구성원 하나하나를 개별적인 차원에서 이해하는 능력도 필요하다. 위대한 팀을 꾸리는 것이 중요하다지만 팀이란 결국 개인으로 구성되며 그 개개인들을 깊이 이해할 수 있어야 훌륭한 팀을 만들 수 있다는 뜻이다. 구성원들을 대하는 방식에 변화를 주지 않으면서 갑자기 훌륭한 실적이 나올 거라 기대할 수 없다. 당신이 원하는 방식이 아니라 그들이 원하는 방식으로 구성원들을 다루어야 한다.

당장 두 팔을 걷어붙이고 팀의 각 구성원들을 움직일 수 있는 요소들을 찾아내보자. 스프레드시트나 고객관계관리 시스템의 데이터, 영업일지만 들여다봐서는 실제로 어떤 일들이 일어나는지 알 방법이 없다. 개별 구성원들을 깊이 있게 이해할 필요가 있고 그것은 훌륭한 실적을 내기 위한 기본이다.

다음은 인간의 행동에 공통적으로 적용되는 아주 근원적인 진실들로, 내가 지금까지 접해본 모든 세일즈 보스들은 이것들을 분명히 이해하고 있었다.

인간 행동에 관한 5가지 기본 진실 ···············

1. 좋거나 나쁘다는 판단은 상대적인 것이다

사람들은 어떤 기준을 정하거나 현상에 대한 느낌을 결정할 때 과거의 경험이나 신념과 비교하여 판단한다. 이것은 내가 아주 어릴 적 이단 종교 집단에서 생활하며 선교 활동을 할 때 깨달은 것이다. 당시 매우 어렵게 사는 한 이웃을 찾아갔던 기억이 난다. 그 동네에는 주거용으로는 부적합한 이동 주택들이 무리 지어 있었다. 그 집들 중 한 곳에 다가갔을 때 마당은 더러운 오물로 뒤덮여 딱딱하게 굳어 있었고 부서진 창문은 널빤지로 덧대어져 있었다. 나 역시 빈민 가정 출신이었음에도 '에구, 이게 아메리칸 드림이군!'이라 빈정대며 한심한 마음이 들었던 것을 분명히 기억한다. 나는 그 집의 곧 부서질 것 같은 계단을 올라가 문을 두드리면서 불쌍하다는 생각을 했다. 곧 한 여자가 응답했고 뒷마당에서는 아이들 소리가 들렸다. 나는 안주인에게 안부를 물으며 기도를 시작했고 그녀의 대답을 짐작하고 있었다.

그러나 나는 그다음 일어난 일에 너무도 놀라 아직까지도 그 순간을 잊지 못한다. 그녀는 이 새로운 집을 마련해 마침내 남편의 폭력에서 벗어나 자유로워진 것이 얼마나 감사한지 모르겠다고 하며 매우 행복한 미소를 지었다. 또 집 앞의 더러운 마당을 가리키며 아이들이 뛰어놀 수 있는 공간이 생긴 것에 너무나도 기뻐하였다. 그때 나는 그녀가 내 얼굴을 한 대 친 것보다 더 큰 충격을 받았다.

그것은 내가 그녀의 집에 다가가면서 상상했던 것과는 정반대였다. 나는 삶에 대한 긍정적이고 밝은 그녀의 시각에 완전히 할 말을 잃었다. 우리가 좋다거나 나쁘다고 느끼는 감정은 다른 무언가와 비교할 때 생기는 상대적인 것임을 나는 그날의 경험을 통해 깨달았다. 의식적이건 무의식적이건 간에 우리는 모든 것을 이렇게 다른 무언가와 비교하여 평가한다.

출장을 가서 렌터카를 빌릴 때마다 흥분했던 나 자신의 모습이 시금도 기억난다. 내가 빌렸던 렌터카는 항상 내가 타던 차보다 좋은 차들이었다. 다행히 시간이 흘러 나는 더 좋은 차를 몰고 다닐 수 있게 되었고 더는 렌터카에 대해 설레지 않았다.

무엇이든 좋거나 나쁘게 보이는 것은 상대적이다. 세일즈 리더로서 이 점을 이해하는 것은 매우 중요하다. 사람들에게서 최상의 결과를 끌어내려면 사람들이 어떤 것에 대해 훌륭하다고 판단할 때 그들이 생각하는 훌륭함의 척도가 무엇인지 알아야 한다.

- 훌륭한 수입은 어느 정도인가?
- 훌륭한 노력이란 어떤 것인가?
- 훌륭한 영업 사원은 어떤 사람인가?
- 훌륭한 리더는 어떻게 행동하는가?
- 훌륭한 근무 환경은 어떤 곳인가?
- 훌륭한 코치는 어떤 사람인가?
- 훌륭한 팀워크는 어떤 것인가?
- 훌륭하게 무언가에 헌신한다는 것은 어떤 것인가?

이렇듯 수도 없이 질문을 나열할 수 있다. 그러나 이 모든 영역에서 당신의 팀원들은 무엇인가와 비교하는 것을 통해 훌륭함의 의미를 정의한다. 그들이 훌륭함을 어떻게 정의하는지 파악하면 두 가지 측면에서 도움이 된다. 첫째로 훌륭함에 대한 정의와 기준이 당신과 비슷한 사람을 채용할 수 있다. 이것만으로도 시간과 노력을 상당히 절약할 수 있다. 둘째로 그들의 비교 대상을 파악한 다음 그들이 새로운 경험을 하도록 함으로써 훌륭함에 대한 기준을 올려줄 수 있다. 이것은 최고의 세일즈 리더들이 지닌 기술로, 이미 성과가 좋은 팀원들이라 해도 더욱더 높은 목표를 설정해 성장할 수 있도록 그들의 시야를 넓혀주는 것이다. 사실 '훌륭하다'는 말은 그저 '지금까지 본 것 중에 최고'를 의미할 뿐이다. 당신의 역할은 그들이 지금까지의 자신보다 더 훌륭해질 수 있다는 생각을 하게 만드는 것이다.

영업 사원들과 대화를 나누어보면 이것을 확실히 알 수 있다. 영업 사원들은 매주 몇 통의 전화를 하고 몇 차례 고객 방문을 하면 자신이 훌륭하게 일하고 있다고 생각한다. 과연 훌륭하다고 생각하는 그 횟수를 어떻게 정했는지 물으면 대개는 그 이유를 잘 설명하지 못한다. 더 나아가 팀 안에서 가장 성과가 좋은 동료가 일주일에 고객에게 거는 전화 통화 횟수와 고객을 방문하는 횟수를 아는지 물으면 대답을 못한다. 이때 내가 그 숫자를 알려주면 그들은 대개 충격을 받는다.

그들을 비난하는 것이 아니다. 그것이 바로 인간의 본성이다. 사람들은 실제로 타인과 자신을 비교하지 않고 자신의 과거 경험과 자신을 비교한다. 세일즈 보스에게 중요한 것은 이러한 인간의 본질적인 성향과 그것이 팀의 성공에 미치는 영향을 이해하는 것이다. 어떻게 하면 팀원들이 현재 눈높이보다 높은 기준을 지니고 더 노력하여 결과적으로 각자의 능력을 키울 것인가?

'우물 안 개구리'라는 표현이 이 상황에 적합한 말이다. 팀원들을 우물 안 개구리로 만들지 않으려면 코칭과 멘토링을 적극 활용해 성과의 기준과 기대치를 명확히 해주어야 한다. 그렇게 하여 팀원들이 자신의 과거 경험을 기준으로 현재에 안주하지 않도록 해야 한다. 그들에게 현재 머무는 연못의 크기를 알려주어야 하는 것이다.

그렇다면 당신 자신은 이런 신념과 행동에서 자유로울 수 있는가? 아마 아닐 것이다. 당신 자신에 대한 잣대 역시 비슷한 방식으로 형성되어왔으며 지금껏 당신이 경험한 범위 안에서 스스로 훌륭한 관리자라 믿어왔을 것이다. 만일 더 높은 수준의 비교 대상이 있다면 어떨까? 당신이 스스로 자신에 대해 느끼는 탁월함이 실제로는 그만큼 대단한 것이 아닐 수 있다.

내가 컨설팅했던 고객사 중 한 곳은 영업 사원들에게 연간 7억 원의 영업 목표를 주었는데, 실제로 극소수의 인원만 목표를 달성하였다. 그 회사는 어떻게 7억 원이라는 목표를 정했던 것일까? 이 책을 꼼꼼하게 읽었다면 당신도 지금쯤 답을 눈치 챘을 것이다. 7억 원은 과거 그 회사의 영업 사원 중 가장 우수한 직원이 달성했던 연간 매출 금액이었다.

이렇게 정한 목표는 비즈니스의 성공에 어떤 영향을 미쳤을까? 그리고 영업 사원 개개인의 실적에는 어떤 영향을 주었을까? 해당 기업은 연매출 최대치가 7억 원인 상황에서 본인이 달성할 수 있는 최대의 매출이 7억 원이라고 생각하는 사람들을 골라서 채용했다. 그리고 실제 결과도 그러했다. 인간의 본성은 그렇게 작동한다. 자신의 실적이 매직 넘버인 7억 원에 가까울수록 영업 사원들은 본인의 성취에 스스로 만족하며 부담감도 줄게 된다. 그리고 연말이 되면 결국 7억 원 근처에서 실적을 마무리한다.

나는 동종 업계에서 유사한 가격대의 상품을 판매하는 다른 기업이 인당 13억 원의 매출을 달성한다는 정보를 입수하였다. 그 회사의 세일즈 조직 책임자와 함께 우리는 새로운 영업 직원을 채용하였고 그녀에게 13억 원이라는 연간 매출 목표를 제시하면서 경험상 달성할 수 있는 숫자라고 설명했다. 우리는 의도적으로 그녀에게 재택근무를 지시하였고 팀 내 다른 구성원들과 접촉을 제한하였다.

결과는 어떠했을까? 입사 후 6개월이 된 시점에 그녀는 이미 8억 원에 상당하는 제품을 판매하였고 연간 목표치인 13억 원을 초과할 수 있을 정도의 영업 기회를 확보해놓았다. 해당 기업이 영업 사원별 목표를 어떤 수준으로 재설정했겠는가? 그렇다고 무리하게 목표를 올려놓고 성공하기를 바라는 게 옳다는 뜻은 아니다. 다만 당신이나 당신의 조직이 제한된 비교 대상으로 말미암아 지나치게 낮은 목표에 갇혀 있지 않은지 생각해볼 필요는 있다. 세일즈 보스는 이렇듯 성공을 제한할 수 있는 인간의 본성에 유의해야 한다.

2. 핑계 없는 무덤은 없다

영업 사원들은 본인들의 능력치를 이미 100퍼센트 이상 발휘하고 있다고 믿거나, 자신의 능력을 온전히 발휘할 수 없는 환경에 놓여 있다고 주장할 만한 핑곗거리를 항상 갖고 있다. 그렇다면 이것이 당신의 코칭이나 멘토링에 어떤 의미가 있을까? 팀에 저성과자가 있다면 그에게는 그럴 수밖에 없다고 믿는 타당한 이유가 늘 있다. 그들은 이런 식으로 이야기할 것이다.

- 주변의 누구도 도와주지 않습니다.
- 시스템이 공정하지 않습니다.

- 급여가 충분하지 않습니다.
- 제품이 시장에 뒤떨어졌습니다.
- 시장이 위축되어 있습니다.

여기서 당신이 해야 할 일은 팀원들이 내세우는 주장의 근거를 알아내는 것이다. 그것을 확실하게 파악할 때만 당신의 영향력을 제대로 발휘하여 팀원들의 행동을 바꿀 수 있다. 만일 직원 개인의 역량에 문제가 있다면 교육, 코칭, 멘토링 또는 피드백을 통해 팀원 스스로가 자기 확신을 갖도록 도와주어야 한다. 자신감과 확신은 충분한 역량에서 나온다. 당신은 그들이 자신의 역량을 실제로 키울 수 있는 기회를 주어야 할 책임이 있다.

팀원들이 얘기하는 이유들을 진심으로 이해하고 믿어야 좋은 영향력을 발휘할 수 있는 힘이 생긴다. 팀원과 대화할 때마다 부정적인 생각이나 느낌이 든다면 그 팀원과는 작별할 시점이라고 보면 된다. 당신은 그 사람에게 절대로 좋은 멘토가 될 수 없다. 관리자들이 팀원의 능력에 대해 의구심을 품기 시작하고 편견이 생기면 그것을 극복하는 경우는 거의 없다.

팀 전체의 성과나 역량을 끌어올리고 싶다면 본인의 능력 전부를 이미 쏟고 있다고 믿고 있는 사람들을 대상으로도 멘토링을 해야 한다. 그들에게 더 나은 성과를 내라고 지시하는 일이 쉽지는 않지만 세일즈 리더로서 당신이 반드시 해야 하는 일이기도 하다. 이미 본인의 성취에 대해 만족하는 사람들에게 그보다 훨씬 높은 성과를 이룰 수 있다는 확신을 주는 것이야말로 세일즈 보스인 당신의 역할이다.

3. 사람은 자율 주행 모드(오토파일럿)를 선호한다

익숙한 장소를 찾아갈 때 어떻게 왔는지도 모르게 어느새 목적지에 안전하게 도착했던 경험을 해본 적이 있는가? 내가 어느 신호등에서 멈추었는지, 어떤 길목에서 방향을 틀었는지 자세히 기억은 나지 않지만 어쨌든 목적지에 도착한 경험. 만일 그러한 경험을 한 적이 있다면 자율 주행 모드를 이해할 것이다. 때로 인간은 아주 복잡한 절차도 무의식 중에 자동으로 수행할 수 있는 놀라운 능력이 있다. 이것은 살아가는 데 매우 도움이 되는 능력으로 일상생활에서 사소한 결정에 신경 쓸 필요 없이 더 중요한 일들에 대해 생각할 수 있는 여유를 준다.

인간은 기본적으로 자율 주행 모드를 선호한다. 그것을 이해하므로 세일즈 보스는 팀에서 생기는 수많은 업무 상황에 대해 프로세스를 만들어 지나치게 신경 쓰거나 개입하지 않고 자율 주행 모드로 진행되게 한다. 미팅, 이메일, 전화 및 영업 기회 리뷰 등 팀의 매니저로서 해야 하는 많은 업무들이 자율 주행 모드로도 처리할 수 있는 일들이다. 마찬가지로 우리 팀원들도 자신들의 일상적인 영업 활동 대부분을 특별한 고민 없이 자율 주행 모드로 해나갈 수 있다.

문제는 자율 주행 모드 상태에서 의식 없이 행하는 일들이 우리에게 도움이 되지 않을 수도 있는 점이다. 세일즈 보스는 일부 중요한 업무 활동에 대해서는 자율 주행 모드로 전환되지 않도록 주의 깊게 관리해야 한다. 또 팀원이 자율 주행 모드에서 이탈하거나 그로 인해 관리자의 개입이 필요한 때도 즉시 알아차릴 수 있어야 한다.

4. 소속감을 지니는 것이 중요하다

사람들은 어딘가에 소속되고 싶어 한다. 세일즈 보스는 어떻게 하면 구성원들이 소속감을 느끼고 더 나은 성과를 내고 싶은 환경을 만들 수 있는지 안다. 사람은 특정 집단에 소속될 때 그 집단의 기준에 맞도록 자신의 행동을 적응시킨다. 이러한 적응 기제는 특별한 의식 없이 저절로 일어나며 리더는 이 점을 유리하게 활용할 수 있다. 팀의 기준을 구성원들에게 강요하기보다 스스로 기대에 부응하고 싶은 환경을 만들어 주는 것이다.

그다지 유쾌한 상상은 아니지만 당신이 헬스클럽의 화장실을 사용하는 상황을 그려보자. 손을 씻고 종이 타월을 빼 손을 닦은 다음 나가는 길에 쓰고 난 타월을 휴지통을 향해 휙 던지는 당신의 모습을 상상해보라. 손을 씻었으니 나가는 길에 아무것도 만지고 싶지 않은 것이다. 만일 타월이 휴지통 안에 제대로 들어가지 않았다면 어떻게 할까? 아마 대수롭지 않게 바닥에 떨어진 타월을 그대로 두고 나올 것이다.

자, 그럼 이제 환경을 바꾸어 당신이 5성급 호텔의 화장실로 들어간다고 상상해보자. 손을 씻는 순간부터 훨씬 조심스럽지 않을까? 아마 물이 튄 세면대를 타월로 닦기까지 할 것이고 타월을 던져서 버리겠다는 생각은 좀처럼 들지 않을 것이다. 당신은 이미 소속되고 싶은 집단의 기준에 맞게끔 자신의 행동을 적응시킨 것이다.

당신의 팀원들도 유사한 기제로 행동하고 또 스스로를 그렇게 적응

시킨다는 점을 명심하자.

5. 저마다 중요하게 여기는 것이 다르다

가장 마지막에 언급하지만 인간에 관한 가장 강력한 진실이다. 당신은 팀원들이 무엇 때문에 회사로 출근해 일하는지를 알아야 한다. 당신이 추측하는 이유가 아니라 그들이 지닌 진짜 이유 말이다.

- 승진을 원하는가?
- 다른 회사로 옮기거나 역할을 바꿔보고 싶은 건가?
- 채무 때문에 더 많은 수입이 필요한가?
- 은퇴 후 생활이나 대학 학자금 등을 걱정하고 있는가?
- 하고 싶은 취미 생활이 있거나 휴가가 필요한가?
- 가족의 생계를 책임져야 하는가?
- 자존심 때문인가?
- 지금 일이 본인이 선택할 수 있는 여러 대안 중 그나마 괜찮은 일일 뿐인가?
- 지금 이 순간 그들을 움직이는 건 무엇인가?

팀원들 개개인에게 중요한 가치가 무엇인지 이해하고 그것을 당신의 것으로 받아들일 수 있어야 훌륭한 실적을 낼 수 있다. 사람은 상대가 그저 자신만을 생각하는지 혹은 진심으로 나를 염려해주는지 본능적으로 느낀다. 회사의 목표도 중요하지만 세일즈 보스라면 팀 구성원 개개인의 성취에 더 큰 관심을 기울여야 한다.

목표를 달성하지 못한 팀원과 대화를 나눈다고 가정해보자. 회사가 무엇을 원하는지, 회사의 경영 지표가 어떠한지 등 조직과 관련한 내용으로 대화를 시작할 수도 있다. 그렇지만 팀원이 일을 하는 개인적인 이유를 먼저 생각한다면 실적을 달성하지 못함으로써 그 사람에게 정말 중요한 것들, 즉 가족이나 재정 계획 등에 어떤 영향이 있는지를 물으며 대화를 시작할 수 있다. 대화의 결과는 크게 다를 것이다. 개별 구성원들의 목표가 달성될 때 조직의 목표는 저절로 달성된다는 점을 꼭 기억하자.

가족, 스포츠팀, 종교 집단, 비즈니스 조직 등 어디에서나 구성원들의 소속감을 극대화할 수 있는 세 가지 요소가 있다. 해당 집단에서 사용하는 고유한 언어, 그들만의 의식(또는 절차), 그리고 공동의 적이 그것들이다. 각각의 요소에 대해 한 번 생각해보자.

조직의 고유한 언어

어떤 집단이든 그 집단에서만 쓰는 언어가 있다. 특정 산업에 종사한다면 그 산업에 종사하는 사람들만 쓰는 약어 같은 것이 있을 테고 응원을 할 때 쓰는 구호나 노래, 특정 몸동작 같은 것들도 그 예다. 내가 자란 이단 종교 집단에서는 구원이나 자비, 속죄 같은 일반적인 기독교적 종교 용어를 사용하지 않았다. 대신 이런 개념들을 표현하는 나름의 독특한 표현들이 있었다. 사람들이 사용하는 표현만 들어보아도 그들이 같은 집단의 사람들인지 아닌지를 금세 알아챌 수 있었다.

당신의 팀에서는 어떤 종류의 고유한 언어를 사용하는가? 팀 구성원들만이 이해하는 고유한 용어를 사용함으로써 형성되는 미묘한 결속력이 있다. 의도하지 않은 소외감을 불러일으킬 수 있으므로 고객과 함께하는 동안은 그럴 수 없지만 조직 내에서는 구성원들만이 이해하는 약어나 내부적으로 정의한 용어를 사용하기도 한다. 회의실 이름으로 기업 연혁에서 중요했던 사건이나 주요 인물의 이름을 따서 붙이는 회사도 있다. 특정한 이름과 그 이름을 붙인 사연을 공유하면서 사람들은 조직의 일원이 된다. 그러한 의식 자체가 엄청난 소속감을 준다.

내가 재직했던 한 회사는 매주 금요일 오후마다 재미있는 이벤트를 열었다. 그 시간은 직원들의 창의력과 결속력을 높이는 데 도움을 주었으며 우리는 이 활동에 재미있는 이름을 붙였다. 당시 금요일(Friday)과 활동(Activity)이라는 단어를 합쳐서 '프랙티비티(Fractivity)'라고 불렀는데, 나중에는 그 활동이 우리만의 언어와 문화가 되었다. 마케팅팀에서는 직원들을 위해 금요일마다 어떤 프랙티비티가 있을지 힌트를 주는 재미난 포스터를 만들기도 했다. 프랙티비티 시간에는 의자에 앉아 달리기, 보드게임 등의 활동을 했다. 그런데 그런 활동은 실제로 직원들의 소속감을 높여주었고, 심지어 시간이 흐른 후 퇴사한 동료들을 만나 '프랙티비티'라는 단어만 써도 모두들 눈을 반짝였고 얼굴에는 미소가 퍼지곤 했다. 리더라면 이렇게 팀 구성원들과 함께할 수 있는 독특한 언어를 만들어낼 줄 안다.

나는 청소년 범죄자들을 수용하는 소년 교도소와 연계해 일한 경험이 있다. 그곳에서는 선배 재소자들이 신입 재소자들에게 늘 "여기서 우리는 말이야……"로 시작해 지켜야 할 규칙들을 일러주곤 했다. 예를 들어 "바지를 늘어지게 입어선 안 돼" 또는 "탁자에서 일어나려면 먼저 허락을 받아야 해" 같은 조언들을 늘 "여기서 우리는 말이야……"라는 문구로 시작해 알려주었다. '여기서 우리는 말이야'라는 표현은 소년 재소자들이 소속감을 갖게 하는 언어문화의 하나가 되었다. 그리고 새로 들어온 재소자들은 금세 새로운 집단의 언어와 행동 양식에 맞게 적응했다. 이렇듯 집단 구성원들 사이에서 사용하는 언어나 부호는 구성원들의 소속감을 높이는 역할을 한다.

의식을 통해 결속력을 다져라

가장 강력한 소속감은 특정 의식을 함께 진행할 때 만들어진다. 가족 행사나 종교적 기념일에 치르는 의식을 통해 형성되는 정서적인 연대감을 생각해보자. 조직의 의식을 이해한다는 것은 조직에 속해 있다는 것이며 조직을 집이나 고향과 동등한 수준으로 여긴다는 뜻이다.

당신의 팀에는 모든 구성원들이 함께 지키는 의식이 있는가? 회사의 기념일 행사라든지 회의를 시작하는 절차 등 사소한 것부터 일종의 의식으로 전환해보는 시도가 도움이 된다. 예를 들어 아마존의 배송 센터에서는 어떤 업무 미팅이든 안전과 관련한 팁을 공유하면서 회의를 시작한다. 그러한 의식적인 절차만으로도 구성원들에게는 소속감이 생긴다. 회의 시작 전 한 장의 안건 요약 문서를 미리 배포하여 참석자들이 미리 읽을 수 있도록 할 수도 있다. 이러한 모든 행위들이 의식이 되며 구성원들의 소속감을 높인다.

내가 경험한 한 영업 조직에서는 모든 구성원들이 차례로 다음과 같이 외치면서 주간 회의를 시작한다. "지난주에는 ○○○원을 목표했고 실제로 ○○○원을 달성했습니다"라고 누군가 시작하면 바로 옆 사람이 이어서 본인의 수치를 발표하는 식이다.

"지난주에는 ○○○원을 목표했고 실제로 ○○○원을 달성했습니다."

이렇게 회의실 내의 모든 팀원들이 돌아가면서 같은 방식으로 선언하며 출석을 확인하고 그것이 끝나면 비로소 팀의 리더는 회의를 시작한다. 이렇게 반복하는 의식은 사람들에게 소속감을 주고 수치상의 결과가 중요하다는 조직의 철학을 은연중에 강조한다.

어떤 회사에서는 출근 시 사무실을 들어서며 모든 사람들에게 "안녕하세요!"를 외치고 퇴근할 때도 "안녕히 계세요!"라고 외치게 한다. 이 회사에서는 소리 없이 사무실에 도착해 하루 종일 자기 자리에만 틀어박혀 있는 모습을 상상하기 어렵다. 복도를 걸어 들어오며 "안녕하세요!"라고 외치는 것이 습관화되어 구성원들에게 특별한 소속감을 부여하고 인간적인 사내 문화를 만들어내는 의식으로 자리 잡은 것이다.

팀을 위한 의식으로 무엇을 만들어볼지 생각해보라. 시간을 조금만 내어 이런 의식들을 만들어 정착시키면 구성원들의 소속감을 형성하고 또 강화할 수 있다.

공동의 적 만들기

공동의 적은 스포츠라면 상대편, 비즈니스에서는 경쟁사가 될 것이다. 공동의 적이 있는 것만큼 강력한 소속감과 목적의식을 주는 것은 없다. 팀에게 싸워 이길 대상을 지정해주자. 싸울 목표가 없었던 때보다 훨씬 더 열심히 그리고 더 잘 싸울 것이다. 특정 대상과 대치하거나 싸운다는 사실만큼 사람들을 빠르게 결속하는 것이 없음은 오래전에 증명된 사실이다. 이것은 공동의 목표를 설정하는 것보다 훨씬 강력한 방법이다. 현명한 세일즈 리더는 사람들의 소속 욕구가 지니는 힘을 이해하고 조직의 목표를 달성하는 데 이를 활용할 줄 안다.

T 모바일사의 CEO인 존 레저(John Legere)는 공동의 적 효과를 확실하게 증명한 사람이다. '통신업계의 문제아'로 알려진 그는 거침없고 직설적인 표현으로 유명하다. 경쟁사를 '병신새끼들'이라 부르기도 하고 스프린트(Sprint, 미 통신 서비스 업체)의 CEO인 마르셀로 클라우르(Marcelo Claure)와 트위터에서 언쟁을 벌이기도 한다. 쓰러져가는 T 모바일을 맡았을 때 그는 심지어 양복에 타이를 매도록 했던 복장 규정을 분홍 셔츠에 가죽 재킷, 체인을 주렁주렁 단 록스타 스타일로 바꾸어 유명했다. 그는 T 모바일을 '통신사 같지 않은 통신사'라 명명하고 경쟁사의 판매 전술을 불공정 계약으로 성토하였다. 그는 경쟁사와 전쟁을 선포하며 달라진 T 모바일을 시장에 내놓았다. 이러한 공격적인 캠페인은 미디어, 주주, 직원의 관심을 끌고 예상 밖의 실적을 내기 위해 고도로 계산한 선택이었다.

결과적으로 T 모바일의 시장점유율은 극적으로 높아졌다. 실제로 T 모바일은 2015년 단 한 분기만에 포화된 시장 환경에서 250만 명의 가입자를 추가로 유치했으며 경쟁사보다 14퍼센트 이상 높은 성장률을 달성하였다. 이 전쟁 같은 캠페인의 또 다른 성과는 회사에 호의적이지 않던 직원들이 그의 새로운 세일즈 리더십에 동화되어 적을 무찌르기 위해 함께 싸웠다는 점이다.

스티브 잡스(Steve Jobs) 역시 공동의 적 개념 또는 '우리 대 그들'이라는 사고방식을 활용할 줄 알았던 경영자다. PC와 매킨토시를 의인화하여 표현한 그의 광고를 기억해보자. 그는 PC를 늙고 완고하며 고루한 인물로 묘사한 반면, 애플의 매킨토시는 항상 혁신적이고 멋진 캐릭터로 묘사했다. 해당 광고 시리즈는 지금까지도 가장 성공적인 광고 캠페인 중 하나로 평가받고 있다. 나아가 잡스는 이 아이디어를 광고에만 한정하지 않았다. 그는 '애플은 특별하다'는 브랜드 콘셉트를 애플의 모든 사업 영역에 적용하였고 소비자들은 애플을 소비하며 애플이란 브랜드의 일원이 되기를 스스로 갈망하였다.

당신의 경쟁자들을 보라. 혹시 팀원들에게 당신은 경쟁자들과 똑같은 모습, 똑같은 느낌으로 비치지는 않는가? 한 대규모 전시회에서 당신 팀의 부스가 경쟁사 부스와 나란히 배치되어 있다고 상상해보라. 당신 팀의 부스를 경쟁사의 부스와 구분하기 어려운가? 만일 경쟁사 부스와 비슷해 보인다면 당신은 적과 치열하게 싸우려는 인간의 본성을 충분히 활용하지 못하고 있는 것이다. 경쟁사가 적이라면, 당신의 팀을 적과 차별화할 수 있는 독특한 요소는 과연 무엇인가?

PART 2
시작이 중요하다

세일즈 보스의
첫 30일

4장 '인간에 대한 진실(p.49)'에서 공부한 것들을 염두에 두고 이제 새롭게 팀을 맡은 세일즈 보스가 해야 하는 일에 대해 이야기해보겠다. 당신은 부진한 실적으로 허덕이는 영업팀에 새로운 리더로 부임한 상황이다. 만일 당신이 현재 팀의 리더인데 만족할 만한 실적을 내지 못하는 상황이라 해도 이 책을 읽는 오늘부터 다시 시작한다는 마음으로 내가 제시하는 지침들을 실천해주길 바란다.

우선 현재 팀 구성원들 중 내보낼 사람을 정하고 45일 내로 이행하라

부담스러운 일이다. 하지만 퇴직 수당을 좀 넉넉하게 챙겨주더라도 진정성과 최상의 예의를 갖추어 반드시 해야 하는 일이다. 그리고 그 대상을 결정하는 것은 당신이 팀을 맡고 첫 30일, 즉 팀을 이해하는 기간 동안 반드시 완료해야 한다. 그간의 노고에 대한 보상을 받는 이와 승진하는 이, 그리고 조직에서 내보내는 동료에 대한 처리 과정을 지켜보면서 팀원들은 당신이 리더로서 추구하는 가치를 분명히 알게 된다.

그렇다면 왜 이러한 결단이 필요하며 어떻게 그 과정을 진행해야 하는 걸까? 신임 리더라면 본능적으로 자신의 팀원들과 단결하여 팀의 사기를 재충전하고 나아가 팀원들이 새로운 리더를 환영해주길 바란다. 그러나 이런 바람은 팀의 실적을 이끌어내는 데는 방해가 되는 감정이라는 점에 유의하자. 당신이 팀 리더가 된 이유는 실적을 높이기 위해서라는 것을 명심해야 한다. 팀원들이 어느 정도 긴장을 유지한 채 긍정적 태도로 업무에 임하는 것이 가장 좋은 상황이다. 그들은 당신이 팀에 새로운 가치를 더하고 과거의 잘못은 바로잡아주기를 기대하지만 그렇다고 아직 새로운 리더에게 호감이나 존경심까지 드는 상태는 아니다.

일단 취임 후 첫 30일 내로 신규 영업 인력을 찾는 채용 공고를 내야 한다. 이 기간 동안 고객뿐만 아니라 팀의 모든 구성원, 유관 부서의 책임자들 및 기타 지원 인력들을 만나게 될 것이다. 또 회사에서 관리하는 여러 경영 지표들에 대해서도 깊이 들여다보게 될 것이다. 그동안 내보낼 사람을 결정해야 한다.

만일 리더가 30일간 심사숙고했는데도 팀에서 정리해야 할 인력이 없다면? 나의 오랜 영업 조직 전문 컨설팅 경험에 비추어볼 때 실적이 부진하거나, 일은 잘하더라도 팀 전체의 분위기를 저해하는 팀원이 없는 영업 조직은 거의 없다. 내보낼 대상자는 한동안 감정적으로 타격을 받을 수 있다. 그러나 그는 이미 현재 조직에 불만이 있거나 실적이 부진한 상태이므로 자신에게 더욱 적합한 일을 찾게 되면 새로운 역할에

만족할 가능성이 크다. 당신의 리더십 목표는 점진적 개선이 아니라 팀에 긍정적인 변화를 최대한 끌어내는 것임을 명심하자. 그래도 결정하기 어렵다면 스스로에게 물어보라.

'언젠가 나의 조직이 최고의 팀으로 변모한다면 과연 그때 제 몫을 해내지 못할 사람은 누구일까?'

누구를 선택할지 더욱 분명해질 것이다. 또 이 모든 과정은 투명하고 예의를 갖춘 방식으로, 그리고 팀을 개선하겠다는 진정성을 바탕으로 이루어져야 한다. 파워 게임이나 권위를 내세우기 위한 것이 아니다. 팀을 회생한다는 분명한 목적을 지니고 리더의 권력을 적절하고 분별력 있게 발휘하는 것이다. 인사 조치는 팀원들에게 새로운 리더의 기대치를 명확하게 보여주면서도 현 상황의 심각성과 매출 증대의 필요성을 공감시키는 매우 효과적인 방법이다. 중요 당면 사안을 결단력 있고 조화롭게 이행해나갈 때 구성원들은 당신을 공정하고 포용력 있으면서도 과단성을 겸비한 실천가로 인식한다. 팀원들에게 리더의 공정함과 결단력을 각인시키는 것은 당신이 앞으로 6개월간 해야 할 일들을 가장 효과적으로 수행하는 데 밑거름이 될 것이다.

구조 조정은 마음을 항상 아프게 한다. 기업은 채용 전에는 조직에 진정으로 적합한 인재를 찾기 위해 많은 노력을 해야 하며 채용 후에는 그 인재가 성공적으로 안착할 수 있도록 교정하고 멘토링해야 한다. 이 과정이 원활하지 않으면 전체 경영의 실패로 이어진다. 단, 나는 취임 후 첫 30일은 예외로 본다. 누군가는 조직에서 나가야 한다. 이 주장에 동의하지 않는 이도 있을 것이다. 그러나 나의 오랜 경험과 관찰에 따르면 고성과 조직으로 가기 위해서는 이 유쾌하지 않은 선택을 반드시 해야 한다.

리더의 첫 30일은 뮤지컬 공연의 1막을 시작하는 것과 같다. 막이 오르고 무대로 걸어 나가 선보이는 첫 퍼포먼스는 당신의 남은 리더십 기간에서 가장 결정적인 무대다. 당신이 리더로 보내는 첫 30일을 잘 계획한 후 실행하기 바란다. 나쁜 평가를 받고 싶은 리더는 없다. 지금부터 리더가 해야 하는 주요 업무를 어떤 순서로 실행하면 효과적인지 조언할 것이다. 독자들이 각자 처해 있는 상황에 맞추어 적용해야겠지만 나는 결코 '부담스럽지 않은 선에서 조정하라'고 조언하고 싶지 않다. 리더로서 지녀야 할 마음의 짐은 기꺼이 감수해야 한다.

첫 30일간 해야 할 일들

인사발령 공고가 나는 날, 팀의 리더이자 보스로서 새로운 역할을 수락함을 널리 알리는 메시지를 작성하라. 간략한 이메일이나 팀 회의, 영상 메시지 등 전체 팀원들이 고루 접할 수 있는 매체를 활용하되 전달할 메시지에는 다음과 같은 내용을 담아야 한다.

이렇게 중대한 역할을 맡아 우수한 팀원 여러분과 함께 일하게 되어 영광입니다.

지금껏 크고 작은 성취를 이루어왔지만 여전히 팀원 여러분에게 배울 것이 많다고 생각합니다. 앞으로 몇 주간 여러분 개개인을 직접 만나며 배우는 시간을 갖겠습니다. 그런 다음 저 나름대로 더 구체적인 계획을 마련하여 ○○월 ○일 팀 미팅을 통해 여러분들과 공유하는 자리를 갖겠습니다.

저는 지금까지 여러분들이 이루어놓은 것들을 기반으로 시장에서 우리의 성공을 넓히는 데 역점을 두겠습니다.

회사가 매출 측면에서 시장의 선두 위치를 유지하지 못하면 우리에게 중요한 개인적인 목표들, 즉 집을 사거나 자녀를 교육하고 여가를 즐기는 일, 은퇴 준비 등도 불가능하다는 것을 다들 잘 알 것입니다. 그래서 저는 조직의 성공을 매우 중요하게 여깁니다.

금일자로 신규 영업직 채용 공고가 나갈 겁니다. 여러분 주변에 적임자가 있다면 지원하도록 권유해주시기 바랍니다.

간단한 커뮤니케이션이라도 리더의 스타일과 성격에 맞게 다듬어야겠지만 메시지는 아주 분명하고 열정이 느껴지도록 작성해야 한다. 당신이 그저 '회사에서 새로 선택한 인물' 정도로 취급되고 싶지 않다면 팀원들을 위한 메시지는 인간적이면서도 진실하고 또 직설적인 것이 좋다. 취임 후 약 5주 후에 당신의 생각과 앞으로의 계획을 발표할 수 있도록 전 직원이니 전체 팀원을 대상으로 미팅 일정도 미리 잡아놓자.

그다음 7장 '스타급 영업 사원을 채용하는 단계별 접근 방법(p.103)'에 제시한 채용 공고 방법을 참고하여 신규 영업 인력의 채용 공고를 낸 후 적임자를 찾아야 한다. 최고의 영업 사원을 찾고 채용하는 것은 시간이 걸린다. 따라서 지금부터 당신은 세일즈 보스로서 살아갈 당신의 남은 인생 내내 자격이 검증된 인력 풀을 관리해야 한다. 팀에 당장 그들을 데려올 공석이 없다 하더라도 말이다. 채워야 할 빈자리가 있는데도 적임자를 지나치게 오랫동안 찾지 못하는 상황은 그 어떤 세일즈 리더도 원하지 않는 상황일 것이다. 당신이 내 첫 번째 충고를 받아들였다면 팀에는 이달 말 무조건 빈자리가 생겨야 한다.

첫 30일의 '학습 기간' 동안에도 매주 관리 업무는 진행되어야 한다. 되도록 기존에 정기적으로 하던 영업 회의는 그대로 진행하는 것이 좋다. 급작스럽게 변화를 꾀하지 말고 팀 구성원들에게 직접 영업 회의를 주관하게 한 다음 관찰자로서 참여해보라. 이렇게 하면 업무의 연속성은 유지하면서 구성원들 각각의 역량 수준을 파악해볼 수 있다. "제가 업무 파악을 하는 동안에도 업무는 진행되어야 하니 첫 한 달간은 여러분들이 회의를 이끌어주기를 바랍니다. 첫 번째 회의는 어느 분이 진행해주시겠습니까?"라고 얘기하면 된다.

이제 회사와 팀 내부 사정을 상세히 들여다볼 차례다. 조사 대상을 직속 팀원들로 한정하지 마라. 최소한 모든 유관 부서의 책임자들은 직접 만나보아야 한다. 회사의 사정을 파악하는 작업은 사람을 만나는 것과 자료를 분석하는 것, 두 가지로 나뉜다. 낮 시간은 전적으로 사람들을 만나는 데 쓰고 늦은 저녁 시간이나 이른 아침 시간은 자료를 분석하는 데 쓰는 게 좋다. 수치와 데이터가 중요한 근거 자료이긴 하지만 데이터만 맹신하는 인물로 낙인찍히지 않도록 유의해야 한다.

첫 30일을 성공적으로 보내려면 당신의 상사에게서 팀원들에 대한 의견을 듣지 않는 게 좋다. 상사의 의견을 먼저 듣게 되면 팀원들에 대한 당신의 평가에 상사의 의견이 미리 반영되므로 팀원들의 있는 그대로의 모습을 받아들이기 어렵고 상사가 준 의견을 검증하는 데 시간을 낭비할 것이기 때문이다.

회사 내 임직원들의 면면과 프로세스를 이해하는 가장 좋은 방법 중 하나는 상사나 동료, 부서장들을 만나기 전에 관리나 지원 부서를 통하는 것이다. 조직을 기능적으로 움직이는 사람들에게 이야기를 들어보면 회사 전반에 흐르는 정서와 에너지를 바로 파악할 수 있다. 더구나 그들은 대부분 본인이 아는 내용을 공유할 준비가 된 사람들이다.

과거 한 컨설팅 프로젝트 중에 고객에게 특별한 요청을 받은 적이 있었다. 회사가 시장에 양질의 제품과 서비스를 제공하는 데 장애가 되는 요소를 영업적인 측면에서 규명해달라는 것이었다. 그 고객은 다수의 유통 채널을 보유하고 있었고, 동시에 자체 영업 조직도 함께 운영하였다. 나는 고객에게 문제 상황을 설명받기 전에 2~3주간 조직 내부를 관찰하면서 조사할 수 있는 시간을 달라고 하였다. 우리는 그 후 어떤 방향으로 영업 혁신 프로젝트를 이끌어갈지 논의하기로 하였다.

내가 처음 향한 장소가 어디였을까? 바로 로비다. 나는 로비의 안내 직원이 추천한 식당으로 점심을 먹으러 갔다. 그녀가 그 식당의 바나나 크림 파이를 무척 좋아한다고 했기에 점심을 먹은 후 그녀를 위해 파이 한 조각을 사서 돌아왔다. 물론 그녀는 굉장히 고마워했다. (지원 부서의 사람들을 친절하게 대하라. 그들이야말로 당신이 전속력으로 달릴 수 있도록 바퀴에 기름칠을 해줄 수도, 브레이크를 걸어 멈추게 할 수도 있기 때문이다.)

나는 그녀에게 잠시 대화를 나눌 수 있는지 물어보았다. 기분이 좋아진 그녀는 나의 청을 기꺼이 받아주었으며 조직 내 주요 인물과 실세가 누구인지 친절하게 알려주었다. 심지어 자기보다 더 많은 정보를 갖고 있는 동료를 소개해주기까지 했다. 남은 열흘간 나는 그녀가 추천해준 사람들을 만나 이야기를 나누었다. 그녀가 건넨 실마리를 단서로 나는 조직의 문제를 진단하고 해결책을 찾는 데 유용한 많은 정보들을 얻을 수 있었다.

몇 주 후 임원진과의 미팅 일정이 다가왔다. 나는 그동안 수집한 정보를 근거로 임원진들이 문제의 원인으로 지목한, 부서 간 협업 측면에서 발생하는 이슈들을 잘 정리해 설명할 수 있었다. 또 당면 이슈의 개선 방안 및 향후 계획까지 발표할 수 있었다. 발표 도중에 임원 한 명이 놀라 질문을 하였다.

"발표자께서는 마치 오랜 기간 저희 조직에 몸담으신 분 같습니다. 어떻게 그토록 짧은 시간에 그렇게 많은 것들을 파악하셨습니까? 발표하신 내용 중에는 이 회사를 3년간 다닌 저도 처음 알게 된 내용들이 있습니다."

이렇게 임원진과 이야기하기 전에 지원 부서의 실무자들과 먼저 이야기하는 것이 좋다. 대화 순서가 바뀌면 임원진의 선입견을 먼저 받아들이게 되므로 실상을 있는 그대로 파악하기 어렵다. 내가 제시한 아이디어 중 한 가지는 결과적으로 그 고객에게 연간 100억 원의 비용 절감을 실현해주었는데, 그 아이디어는 지원 부서에서 나온 것이었다.

현황 파악을 위해 대화를 할 때 우리가 알아내야 하는 정보는 무엇일까? 직군 혹은 직무별로 효과적인 질문 목록을 간략하게 정리해보았다. 조직이 처한 상황을 반영하여 적절하게 질문을 추가하면 된다. 대화의 핵심은 감성 지능을 최대한 발휘하여 질문자인 당신의 의견이 답변에 영향을 주지 않도록 하고 답변자에게 배우려는 자세를 견지하는 것이다.

다음은 지원 부서의 실무자들에게 던질 수 있는 질문들이다.

- 이 부서에서 얼마나 오랫동안 일하였습니까?
- 이전에는 어느 부서에서 어떤 업무를 담당하였습니까?
- 당신 부서의 업무 중 가장 중요한 업무는 무엇입니까?
- 업무 면에서 당신을 가장 힘들게 만드는 사안은 무엇입니까?
- 그 사안은 발생한 지 얼마나 오래되었습니까?
- 당신 혹은 당신의 소속 부서에서는 그 문제를 해결하기 위해 어떤 노력을 하였습니까?
- 그러한 노력이 효과가 있었습니까?
- 당신 부서에서는 저희 영업팀을 어떤 시각으로 보고 있습니까?
- 당신은 그러한 관점이 옳다고 생각합니까?
- 당신이 만일 영업팀을 맡게 된다면 무엇부터 바꾸고 싶습니까? 그리고 어떤 방법으로 바꾸겠습니까?

관련 부서의 책임자들에게 제시할 질문들도 대부분 비슷하며 앞의 질문들에 다음의 내용을 추가하면 좋겠다.

- 이 조직/부서에서 처음 일을 시작했을 때 가장 우선적으로 변화가 필요하다고 생각한 문제가 있었다면 무엇입니까?
- 그 문제는 어떻게 처리되었습니까?
- 당신은 그 문제에 어떻게 접근하였습니까?
- 주위 동료들의 반응은 어땠습니까?
- 현재 맡고 있는 팀이 직면한 가장 큰 문제는 무엇입니까?
- 제가 맡은 업무와 책임을 성공적으로 수행하기 위해서 해야 할 일이 무엇이라고 생각합니까?
- 명문화되어 있지는 않으나 제가 반드시 숙지해야 할 조직 내 원칙이나 규칙을 알려줄 수 있습니까?
- 저의 전임자들에 대해서 이야기해주면 감사하겠습니다.
- 저희 팀원들 중에 같은 사람이 한 명쯤 더 있었으면 좋겠다 싶은 사람이 있습니까? 그렇게 생각하는 이유는 무엇입니까?
- 저희 팀원 중에 절대로 성공하지 못할 것이라 생각하는 인물 혹은 조직에 해를 끼치는 것으로 여기는 인물이 있습니까? 그렇게 생각하는 이유는 무엇입니까?
- 당신 부서의 지원이 필요할 때 제가 도움을 받을 수 있는 가장 좋은 방법은 무엇입니까?

다른 부서의 책임자들과 만날 때는 그 부서가 영업과 어떻게 관련되는지에 대하여 간략한 설명이나 프레젠테이션을 요청하는 것도 좋다. 마케팅팀이라면 마케팅 전략, 광고비 지출 등에 대해 설명해줄 것이다.

모든 주요 부서의 책임자들 및 지원 부서 실무자들과 이런 방식으로 미팅을 주선하여 질의 응답 시간을 갖고 그들의 프레젠테이션을 들어보라. 현재 상황에 대한 이해가 깊어지고 그 속에서 공통적인 주제도 발견할 수 있을 것이다. 그렇다고 당신이 들은 모든 내용을 사실로 받아들이지는 마라. 사람들이 솔직하게 당신과 공유해준 내용들은 답변자 개개인의 견해로서 존중하라. 그 의견이 정확한지 그리고 성공적인 영업팀을 만들어가는 데 도움이 되는 내용인지는 시간을 두고 판단할 일이다. 또 당신이 나눈 모든 대화는 반드시 비밀에 부쳐 다른 사람들과 공유하지 말아야 한다.

내가 제안한 일련의 미팅들은 팀원들과 면담하기 전에 시행하는 것이 좋다. 팀원들과 나누는 깊은 대화는 1주차보다는 3주차쯤 시작하는 게 좋다. 이렇게 시간 차를 두면 팀원들과 가까워지기 전에 상황을 있는 그대로 파악하는 데 도움이 된다. 팀원들과 너무 일찍 깊이 교류하기 시작하면 특정 구성원을 상대적으로 더욱 가깝게 느낄 수 있으며 그로 말미암아 상황을 실제와 다르게 판단할 위험이 있다. 이런 경향을 완전히 배제할 수는 없겠지만 반드시 유의하고 최소화하도록 노력해야 한다.

팀 리더로서 3주차가 시작될 무렵부터는 구성원들과 더 많이 섞이고 더 깊이 있는 대화를 나누기 시작해야 하지만 여전히 '학습 모드'를 유지해야 한다. 그리고 마침내 사람들이 당신의 생각을 이해할 준비가 되었을 때 아주 절제되고 정연한 방식으로 당신의 생각을 그들과 공유하면 된다. 그 방법에 대해서는 잠시 후에 논의하자.

일부 고객들을 직접 찾아가 만나는 것도 첫 몇 주간 해야 할 일들 중

하나다. 고객 미팅을 할 때는 팀원들과 동행해야 한다. 최소 열 곳 정도의 고객사를 방문하는 것이 좋다. 팀원들이 미팅을 주도하고 옆에서 지켜보면 그들의 스타일과 고객 접근 방식을 파악할 수 있다.

이때 누구와 동행할지 샘플링에 유의해야 한다. 팀의 규모에 따라 정도의 차이는 있겠으나 팀원 한 명당 하나의 고객사를 함께 방문하는 것이 가장 이상적이다. 관찰자로 동행하는 것이므로 코칭은 금물이다. 그저 고객사 파악에 집중하며 함께하는 팀원에 대해 학습하라. '저는 이렇게 영업합니다'라는 얘기를 백 번 듣는 것보다는 그들이 실제로 영업하는 모습을 눈으로 직접 보는 것이 훨씬 낫다. 그리고 팀원들과 영업 현장을 동행할 때는 전화기를 반드시 꺼두어라. 그만큼 집중이 필요한 시간이다.

이 모든 인터뷰와 미팅을 계획하고 관리하는 데 나는 에버노트(Evernote)라는 모바일 애플리케이션을 활용한다. 에버노트는 계획적인 활동을 할 수 있도록 도와주는 훌륭한 도구다. 메모 작성뿐만 아니라 웹사이트나 오디오 파일, 그림 등 멀티미디어 자료도 첨부할 수 있다. 이 프로그램의 진짜 마술은 데이터를 활용하는 성능에 있다. 메모를 작성하고 나면 일정표를 자동으로 참조하여 어느 일정과 관련한 메모인지도 표시해준다. 또 내가 특정 장소에 가면 과거 해당 장소에서 했던 메모들을 모두 불러와 읽을 수 있다. 에버노트 안에서 대화를 녹음할 수도 있다. 실로 기능이 무궁무진하다. 만일 독자들 중에 현재 활용하는 메모 도구가 없다면 에버노트를 이용해보기 바란다. 이렇게 기록을 남기는 습관은 과거의 미팅 내용을 되돌아보고 누가 어떤 이야기를 했는지 찾아내는 데 매우 유용하다.

지금부터는 데이터 분석으로 주의를 돌려보자. 회사에 고객관계관리 시스템이 구축되어 있다면 도움이 될 보고서를 몇 가지 뽑아볼 수 있을 것이다. 나의 경험상 방만하게 운영하는 조직일수록 보유하는 데이터도 엉성하다. 보고서를 몇 개 뽑아보면 회사가 어떤 수준으로 운영되는지 금세 파악할 수 있다. 다음은 반드시 챙겨보아야 할 자료들이다.

- 과거 5년간 회사가 채용한 영업 직원의 수
- 회사가 해고한 (영업) 직원 수
- 영업 직원들의 평균 근속 연수
- 영업 직원의 입사 후 1년 차부터 5년 차까지의 연간 평균 매출액
- 전체 영업 직원들의 인당 평균 연간 매출액
- 상위 그룹 영업 직원들의 평균 매출액
- 하위 그룹 영업 직원들의 평균 매출액
- 신규 영업 직원 채용 후 본인의 능력을 100퍼센트 발휘하기까지 걸리는 시간
- 현재의 채용 과정
- 채용 완료 시까지 걸리는 시간
- 실적이 지조한 영입 직원을 정리하는 데 걸리는 시간
- 매년 추가되는 신규 고객 수
- 기존 고객에서 창출되는 매출의 비중
- 시장 세그먼트별 평균 매출 단가

- 현재 영업 프로세스에서 구분하는 영업 단계와 각 단계별 정의
- 각 영업 단계의 평균 소요 시간
- 잠재 시장의 규모
- 우리 회사의 시장점유율
- 제안 프로세스
- 사업 발굴 후 견적 제출까지 걸리는 시간
- 수주 성공율/실패율
- 영업 직원의 평균 고객 방문 횟수
- 개별 영업 직원별 고객 방문 횟수
- 영업 사원의 고객 방문 횟수와 수주 성공률 간의 상관관계
- 잠재 고객 발굴을 위한 활동의 종류와 현황
- 개별 영업 사원이 잠재 고객 발굴에 쓰는 시간
- 사내 역량 강화 교육 프로그램 및 교재 현황
- 영업 역량 강화 교육 프로그램 및 교재 현황
- 웹사이트 방문자 통계 및 현황
- 웹을 통해 유입되는 관심 고객 중 실제 영업 기회로 전환되는 비율
- 마케팅을 통한 관심 고객 창출 현황
- 수주의 주요 성공 요인
- 수주의 주요 실패 요인
- 신규 영업 직원 채용 시 추가 발생 비용
- 고객 지원 서비스의 만족도
- (상품 또는 서비스의) 최종 납품까지 걸리는 시간

- 고객관계관리 시스템이 영업 사원들에게 제공하는 필요 기능과 정보의 양
- 팀 내 정기 미팅 현황
- 조직 내 급여 및 상여 체계 현황과 그 효율성
- 급여 및 상여 체계의 가장 마지막 개편 시점 및 그 영향
- 급여 및 상여 체계 개편안에 대한 조직 구성원들의 수용 여부
- 현재 실적 전망치와 목표치 대비 수준
- 실적 전망치의 산출 방식과 근거
- 현재 실적 전망치의 실현 가능성

위의 것들은 단지 시작일 뿐이다. 팀에 관한 모든 정보를 학생의 자세로 최대한 빠르게 습득해야 한다. 당신의 지식과 안목은 시간이 지나면서 분명 깊어질 것이다. 하지만 일단 계획을 세우기 위해서는 완벽하지 않더라도 팀과 팀의 실적에 영향을 주는 요소들을 기능적으로 이해해야 한다. 첫 3~4주의 기간에는 실용적인 지식 위주로 습득하는 것이 좋다.

며칠 휴가를 내서 일하는 방법도 좋다. 팀을 맡은 후 3~4주가 지나는 시점에 3일 정도의 휴가를 일정에 넣어놓자. 전화나 이메일에 방해받지 않고 연속해서 일할 수 있는 3일을 확보하는 것이다. 그 시간 동안 가족들과 아예 떨어져 지낼 수 있다면 능률을 더욱 높일 수 있다.

이 3일은 지금까지 배운 것들을 소화하고 앞으로 계획을 세우는 시간이 될 것이다. 팀을 어떻게 현재 위치에서 최고 수준의 영업팀으로 발

전시킬 수 있을 것인지에 대한 실행 계획을 이 3일 동안 완성해야 한다. 독자들 나름의 기획안 노하우가 있겠지만 나라면 다음과 같은 일정으로 3일을 보낼 것이다.

첫째 날

지금까지 진행한 미팅들에서 메모한 내용을 모두 검토하라. 에버노트가 제 몫을 할 시간이다. 지속적으로 반복되는 사안이 있는가? 데이터와 직감이 동시에 같은 방향을 가리키는 부분이 있는가? 앞으로 90일간 반드시 다루어야 할 것은 무엇인가? 장기 계획에 넣어야 할 사안은 무엇인가? 장기 계획에 들어갈 것들은 향후 어떻게 방향을 잡아야 할 것인가? 현재 순항하는 사안 중에 앞으로 더욱 적극적으로 활용해야 하는 것은 무엇인가? 데이터를 보고 얻은 결론은 무엇인가?

일 년 정도 후의 상황을 가정하고 팀 구성원들을 평가하여 순위를 매겨보라. 목표를 달성하지 못할 사람들이 있는가? 현재 최고 실적을 내는 직원은 정말로 최고 실력자인가 아니면 다른 여건들 덕에 성공하고 있는 것인가? 그가 입사하기 전부터 매출이 꾸준히 나오던 큰 고객사를 맡았거나, 맡은 지역이 원래 수요가 많은 곳이거나 또는 내부 지원을 특별히 잘 받아서 실적이 좋은 것일 수 있다. 사표를 냈을 때 다른 임원들까지 나서서 붙잡을 만한 사람은 누구인가? 경쟁사로 이직을 한다 해도 전혀 걱정이 안 되는 사람은 누구인가?

현재 팀의 구조와 판매 전략은 적절한가? 현재의 프로세스에 변화가 필요하다면 어떤 변화가 필요한가? 예를 들어 현재 외근 영업팀과 전화 영업을 하는 내근 팀이 나뉘어 있다면 앞으로도 그러한 구조가 적절한 가? 영업 사원별 활동 영역이 지역으로 나뉘어 있다면 그것이 맞는가, 혹은 더 나은 성과를 내기 위해 제품군별로 다시 쪼개야 할 것인가?

가장 짧은 기간 내에 가장 큰 매출 증가가 가능한 영역은 어디일까? 단기간 내에 긍정적인 결과를 보여주는 것도 필요하다. 결과를 내는 데 까지 시간이 오래 걸리거나 내부적인 반대에 부딪칠 수 있는 복잡한 변 화들을 밀어붙이는 데는 단기간에 이루어내는 작은 성공이 도움이 될 수 있기 때문이다.

만일 아무것도 없는 상태에서 새롭게 조직을 구성하는 이상적인 상 황이라면 어떻게 할 것인가? 현실에 기반을 둔 계획과 이상적인 계획, 둘 간의 차이를 비교해보라. 시간과 비용, 수반하는 고통 때문에 이상적 인 계획을 실현할 수 없다면 적어도 이상에 가깝게 하기 위해 조정할 만 한 것은 어떤 것들인가?

90일 후에 어느 정도가 이상적인 팀의 규모일까? 1년 후에는 어떠 한가? 현재 매출 목표는 달성 가능한가? 그렇지 않다면 어떻게 조정해야 하는가? 너무 낮아서 목표치를 당장 높여야 하는 것은 아닌가?

발령을 받은 날부터 마음속으로 진행해오던 생각의 과정을 마무리 하고 이제 차분히 앉아 회사의 현재 상태와 앞으로 팀의 승리를 어떻게 이끌어갈시에 대한 스토리를 만들어보라. 마치 무대에 선 것처럼 처음부 터 끝까지 완전한 연극을 구상해보라. 팀원들과 소통하며 새로운 계획을 실행하는 자신의 모습을 형상화해보라. 잘못된 점은 없는가? 반드시 잘 되어야 하는 것은 무엇인가? 계획을 설명하고 비전을 표현하는 데 어떤 언어를 쓸 것인가? 충분히 설득력이 있는가?

- 누구를 내보낼 것인가?
- 누구를 내보낼 가능성이 있는가?
- 재교육이 필요한 사람은 누구인가?
- 집중해야 할 핵심 영역은 어떤 것들인가?
- 적은 누구인가?
- 영웅은 누구인가?
- 우리가 가장 잘하는 것은 무엇인가?
- 가장 뛰어난 선수는 누구인가?
- 그는 업계의 절대 강자인가 아니면 단지 우리 조직에서 최고인가?
- 우리는 어떻게 승리하는가?
- 승리하기 위해서 어떤 시스템적 지원이 필요한가?
- 현재 우리 팀에 필요한 프로세스는 어떤 것인가?
- 구성원들의 소속감을 높일 수 있는 우리 팀만의 언어는 무엇일까?

엄청나게 많은 것들이 필요하며 또 고려되어야 한다. 여기서 잠깐 낮잠을 자든 쉬어가 보자. 자고 일어나니 계획이 어떻게 느껴지는가? 계획에 수정이 필요하면 무엇이든 변경하라.

둘째 날
첫째 날 정리한 계획을 일부 사람들에게 선보이자. 앞으로 팀원들 및 유관 부서, 경영진에게 당신의 계획을 설명하기 전 예행연습이 될 것이고 계획에 대한 사람들의 질문, 생각 그리고 반대 의견을 들을 수 있을 것이다. 이때 각 개인의 고유한 의견을 듣는 것이 중요하다. 집단적인 피드백을 피하기 위해 반드시 일대일로 소통해야 한다. 사무실 밖이라면 스카이프 같은 화상회의 툴도 유용하다. 화상회의를 하면 상대방의 의견을 들을 수 있을 뿐만 아니라 상대방의 반응까지 살필 수 있어서 좋다. 둘째 날 얘기를 나눠봤으면 하는 사람들은 다음과 같다.

- 당신의 보스 또는 당신의 계획을 실행하기 위해 반드시 지원해줘야 할 사람
- 경험이 풍부한 멘토(외부 인사), 다른 회사에서 일하는 관록 있는 세일즈 보스
- 유관 부서의 부서장, 특히 회사 내 다른 사람들에게 영향력이 있는 사람
- 팀원들에게 '비공식적인' 영향력이 큰 사람들

위의 인물들과 대화하면서 매우 중요한 통찰력을 얻을 것이다. 그리고 세상에는 비밀이 없다. 이들과 대화를 하다 보면 당연히 소문이 날 것이고 이것이 계획을 검증할 수 있는 기회도 될 것이다. 그리고 당신이 계획을 공유한 팀원은 다른 팀원들에게 계획을 일부 누설할 것이다. 이러한 정보 유출이 때로는 도움이 된다. 계획을 공식적으로 발표하기 전에 팀원들이 계획에 대해 미리 귀띔을 받는 기회가 될 것이고 강한 반발

의 가능성도 미리 예측할 수 있기 때문이다. 초기에 접촉했던 지원 부서의 실무자들로부터는 여러 목소리에 대해 들을 수 있을 것이다. 그들은 당신의 성공을 지지해주고 지뢰가 보이면 알려주는 역할을 한다. 여기저기서 들리는 목소리나 반응 때문에 계획을 반드시 수정할 필요는 없지만 (물론 수정할 가능성이 크다) 적어도 이 모의 테스트 과정을 통해 계획 중에서 좀 더 신경 써서 설명해야 할 부분을 파악할 수 있다.

둘째 날은 밤늦도록 생각해보아야 할 것들이 많다. 이제 계획을 마지막으로 수정할 시간이다.

셋째 날

셋째 날은 당신의 계획과 실행 방안을 어떻게 공유할지 계획하는 날이다. 모든 내용을 세세하게 공유할 필요는 없지만 그래도 팀 구성원들과 어떤 내용을 어떻게 공유할지 생각해야 한다. 당신의 프레젠테이션을 들으면서 구성원들은 당신이 어떻게 그런 결론에 도달했는지 이해할 수 있어야 하며, 나아가 결론 역시 타당하다고 수긍할 수 있어야 한다. 당신이 꾀하는 변화가 어떤 결과를 가져올지 그리고 앞으로의 진행 계획에 대해서도 명확히 이해시켜야 한다. 적이 누구인지, 함께 만들어 갈 팀의 모습은 어떤 것인지, 실패했을 때 회사의 미래는 어떻게 될지에 대하여 확고한 인식을 심어주어야 한다. 당신의 프레젠테이션을 들은 사람들은 반드시 고무되어야 하며 설사 당신이 결정한 바에 대해 전적으로 동의하지 못한다 해도 의사 결정 과정에 대해서는 신뢰하도록 만들어야 한다. 프레젠테이션을 하는 중간중간 개별적으로 만나서 나눴던 얘기들을 활용한다면 당신은 '그들의 이야기'를 하는 것이 되고, 당신이 그들의 이야기를 들어주었다는 사실 때문에 그들은 정서적으로 공감하고 당신을 지지할 것이다.

이 프레젠테이션에서 중요한 것은 첫째도 감성, 둘째도 감성, 셋째도 감성이다. 좋은 프레젠테이션의 구성 요소에는 열정도 중요한 몫을 한다. 풍부한 감성으로 스토리텔링하라. 우리의 현 위치는 어디인지, 어디로 가야 하는지, 어떻게 거기에 도달할 것인지에 대해서 말이다. 그리고 팀에 새롭게 선보일 신성한 업무 리듬과 의식에 대해서도 소개해야 한다.

데이터도 사용해야 하지만 데이터는 스토리를 강조하기 위해서만 써야 한다. 구구절절 내용을 나열하지 말고 아이디어를 한눈에 표현하는 시각 자료를 쓰라. "발등에 불이 떨어졌습니다. 우리는 당장 변화할 수밖에 없습니다"라는 이야기를 하고 싶다면 가파르게 떨어지는 시장점유율과 그와 연동해 일자리가 얼마나 빠르게 줄어들지를 나타내는 그래프를 보여줘라. "과거에는 시장을 선도했지만 지금은 슬럼프에 빠졌습니다"라는 이야기를 하고 싶다면 정체기에서 벗어나지 못해 결국 실패했거나, 혹은 정체를 극복하고 재도약에 성공한 기업들의 예를 보여주면 된다.

연습을 해보자. 선달하고 싶은 스토리를 하나의 문단으로 정리하고 하나의 문장으로 제목을 붙인 후 읽어본다. 충분히 설득력이 있는가? 그렇지 않다면 다시 시작하라. 이 스토리는 앞으로 당신이 팀원들과 만들어나갈 변화의 기초가 될 것이다.

그리고 스토리를 누군가와 공유해보라. 스토리를 듣고 과연 그는 감동하는가 아니면 지루해하는가? 팀 전체가 모이는 첫 미팅에서 스토리를 어떻게 전달할지, 그리고 앞으로 몇 달간 지속적으로 스토리를 강화해나갈 방안을 계획하라.

이제 90일간 해야 할 일들을 적어보라. 내용은 얼마든지 바뀔 수 있다. 유연하게 생각할 수 있어야 한다.

마지막으로 누구를 떠나보낼지 결정했는가? 아무도 없는가? 만일 열심히 조사하고 심사숙고한 후 내린 결론이라면 괜찮다. 그러나 만일 마음이 불편해서 또는 누구에게나 다시 잘 해볼 기회를 주어야 한다는 생각으로 내린 결론이라면 문제가 있다.

당신은 이미 떠나보낼 사람들이나 팀에 맞지 않는 사람들의 명단을 만들어놓았을 수도 있다. 그중에서 한 명만 선택하라. 이 시점에는 단 한 사람만 내보내야 한다. 대규모의 구조 조정은 남은 구성원들에게 미치는 정서적인 영향이 지나치게 크고 단시간에 극복하기 어렵다. 막상 한 명을 선정해보면 다른 구성원들이 이미 오래전부터 조직에 맞지 않다고 생각하던 사람일 가능성이 크다. 드디어 결단을 내린 것에 고마워할 것이다. 만일 떠나보내야 할 인물이 더 있다면 첫 번째 결단이 팀에 미친 영향을 확인할 때까지 잠시 기다리자.

떠나보내는 일은 반드시 당사자를 직접 만나 시행해야 한다. 길게 논의할 필요는 없다. 퇴직 위로금은 인사부에서 챙겨줄 것이고 당신은 그 사람이 이 조직을 떠나서도 잘되기를 바라는 마음일 것이다. 단지 그의 능력과 우리 조직에서 그에게 기대하는 바가 서로 맞지 않았을 뿐이다.

해직 프로세스는 관련 노동법을 따라 진행한다.

이제 당신의 계획을 공개할 첫 번째 공식 미팅 준비를 마쳤다. 당당하고 진실한 태도로 비전을 제시하는 리더가 되라. 스스로 위대한 팀으로 이끌어갈 비전과 능력이 있다는 확신을 가지고 계획을 공유하라. 이제 일간, 주간 그리고 월간 활동을 본격적으로 시작한다.

이어지는 장들에서는 강하고 효율적인 영업 조직을 운영하는 데 필요한 것들을 다룬다.

- 스타급 영업 사원을 어떻게 채용할 것인가(6~8장)
- 신규 인력을 조직에 성공적으로 안착시키는 과정 및 훈련 방법(9장)
- 코칭 및 멘토링(11장, 13장)
- 효과적인 영업 미팅 진행하기(12장)
- 수치를 통해 관리하기(10장, 15장)
- 상여 체계의 계획(17장)
- 영업 기회 관리 및 실적 예측하기(18장, 19장)

이미 자리는 하나 비어 있고 그동안 적임자를 찾아보았을 테니 이제 본격적인 채용 과정에 대해 알아보자. 명심해야 할 점은 당신의 첫 번째 영입 인사가 반드시 스타급 영업 인재여야 한다는 것이다. 후보군을 넉넉하게 확보하는 데는 시간이 걸리겠지만 이 작업은 충분히 가치 있는 일이다. 채용은 인사팀에만 맡겨둘 일이 아니다. 반드시 처음부터 끝까지 당신이 주도하여 진행해야 한다.

PART 3
최고의
팀 꾸리기

스타급
영업 사원 찾기

'스타급 영업 사원'이라 부르는 이 신화 같은 존재는 어떤 사람들인가? 팀원 중에 한 명이라도 그런 사람이 있다면 당신은 그 사람 한 명이 기여하는 가치를 이해할 것이다. 스타급 영업 사원들은 동료들과 비교할 수 없는 월등한 실적을 지속적으로 낸다. 게다가 영업이 세상에서 제일 쉬운 일인 양 가차 없이 경쟁자들을 무찌르고 승리를 쟁취한다. 그들은 마치 영업을 하기 위해 태어난 사람들처럼 보인다.

이 장은 그런 스타급 영업 사원을 채용하는 데 도움이 되는 내용이다. 만일 팀에 이미 그런 인물이 있다면 그 사람이 절대로 떠나지 않도록 확실히게 잘 챙겨야 힐 것이다. 그들은 낭신이나 당신 회사에 꼭 필요한 사람들이다.

스타급 영업 사원 채용이 어려운 까닭

성공적인 사업에 있어 제대로 된 영업 인력을 채용하는 것보다 중요하고 또 어려운 일은 없다. 어떤 사업에서건 '팔리기 전까지는 아무 일도 일어나지 않는다'는 점을 기억하자. 영업 사원이 사업을 수주하여 매출이 발생해야만 누군가에겐 대출금을 갚을 기회로, 자녀를 대학에 진학시킬 자금으로, 혹은 은퇴 자금으로 전환될 수 있는 수익이 마련된다. 그러나 안타까운 사실은 아직도 많은 회사들의 영업 사원 채용이 요트 매입 같은 투자 행위처럼 이루어진다는 것이다. 가장 행복한 때는 요트를 살 때(채용할 때)고 그다음으로 행복한 때는 그것을 팔아치울 때(해고했을 때)라고 하지 않는가.

머릿속에 다음과 같은 상황을 그려보자. 회사는 영업 인력을 충원할 시기라 판단한다. 새로 들어오는 영업 사원을 통해 ○○억 원의 매출을 더 확보하면 회사가 현재 직면하는 많은 문제를 해결할 수 있을 것이라 기대한다. 또 그를 통해 확보할 새로운 고객들과 그들로부터 창출할 수 있는 매출은 회사의 연간 매출 목표를 달성하는 데 큰 도움이 될 것이다. 곧바로 채용 공고를 내고 접수된 이력서를 검토한 후 후보자들을 인터뷰한다. 그리고 그중에서 완벽하다고 여겨지는 지원자를 최종 선택하여 채용한다. 그다음엔 무슨 일이 일어나는가?

채용과 동시에 허니문 기간이 시작되지만 금세 끝나버린다. 기대하던 매출에 대한 꿈은 시들해지고 대체 뭐가 잘못되었는지 의문이 든다. 채용 결정에 대해 의구심이 생기기 시작한다. '코칭을 하고 시간을 더 주면 성과를 낼 수 있을까'라는 생각도 해보지만 결국은 후회한다. 기대에 못 미치는 영업 사원에게 한두 달 상당한 금액의 급여를 지급하다가 어느 순간 부진한 실적에 분개하고 결국은 회사가 그를 내보내거나 그가 스스로 사직서를 낸다. 그리고 똑같은 과정을 다시 반복한다.

내 설명이 남의 얘기가 아닌 것처럼 들린다면 이번 장을 특별히 주의 깊게 읽어야 한다. 채용 과정에서의 흔한 함정들 그리고 스타급 영업 사원 채용이 왜 어려운지에 대해서도 설명할 것이다. 분명한 것은 스타급 영업 사원은 어딘가에 반드시 있으며 우리는 기필코 그들을 채용해야 한다는 점이다.

뛰어난 영업 인재에 대한 수요는 많다. 문제는 그들의 수가 매우 적다는 것이다. 아무리 경기가 좋지 않아도 회사는 실적이 좋은 영업 사원을 웬만해서는 내보내지 않는다. 경기가 어려울 때 감원 대상은 대개 실적이 좋지 않은 사람들이다. 경기가 좋을 때 실적을 그럭저럭 내던 사람이라도 고객의 구매 결정을 이끌어내기 어려운 때에는 실적 내기가 어렵다. 그런 사람들도 구조 조정의 대상이 되어 시장에 나오지만 자의든 타의든 뛰어난 영업 사원이 시장에 나오는 경우는 거의 없다.

이러한 현실은 뛰어난 영업 인력의 공급 부족 현상을 만들어낸다. 결국 경쟁사에서 고성과자들을 꾀어 데려오거나 특별한 상황에서 어쩔 수 없이 일을 그만두고 다음 직장을 찾는 스타급 영업 사원을 찾아내는 수밖에 없다. 어쨌든 영업 사원이 일없이 놀고 있다면 반드시 주의 깊게 들여다봐야 한다. 훌륭한 영업 사원이라면 어떤 상황에서도 잘리지 않는다는 뜻은 아니다. 탄탄한 채용 프로세스를 통해 실직의 이유를 확실히 알아낼 수 있으면 된다.

스타급 영업 사원의 삶은 어떨까? 당연히 많은 것을 누리는 인생이다. 회사에서는 영웅으로 대우받고 뛰어난 실적 덕택에 높은 수입과 포상에 따른 부수입과 휴가까지 짭짤하다. 높은 매출을 유지하는 한 자신이 원하는 대로 자유롭게 지낼 수도 있다. 매출 효자 노릇을 해주는 고객사도 이미 여러 곳 확보해놓았고 업무에도 틀이 잡혀 있다. 그런 상황에서 스타급 영업 사원이 왜 구태여 이직을 생각하겠는가? 대개는 그럴 이유가 없다고 봐야 한다.

때로 거부할 수 없을 만큼 매력적인 스카우트 제안을 받더라도 스타급 영업 사원이라면 여러 가지 측면을 조심스럽게 고려한다. '물고기도 저 놀던 물이 좋다'고, 이는 어느 한 회사에서 영업으로 성공한 사람이 이직하지 않을 충분한 이유가 된다. 그리고 현재 직장이 없는 사람들을 조심해야 하는 이유이기도 하다. 많은 영업 사원들이 영업 관련 교육을 충분히 받아봤으므로 웬만한 인터뷰 질문은 능숙하게 소화한다. 잠재 고객을 어떻게 발굴해야 하는지, 전체 영업 기회는 어떻게 관리해야 하는지, 성공률, 마무리 수주 기술 등에 대해 막힘없이 설명할 수 있을 것이다. 다만 업무의 세련됨이나 마무리에서 스타급 영업 사원과 차이가 날 뿐이다. 다행스러운 점은 영업이라는 것은 지표로 관리할 수 있는 프로세스여서 채용 과정만 체계적으로 만들면 스타급 영업 사원을 충분히 가려낼 수 있다는 것이다.

현재 소속이 없는 스타급 영업 사원을 채용하려면 그의 실직/퇴직 사유를 분명히 파악해야 한다. 지금 당장 직장 없이 이직을 원하는 스타급 영업 사원들은 대개 다음의 경우에 해당한다.

- 다니던 회사가 인수되거나 합병되었다. (업계 뉴스를 자세히 보면 어디서 스타급 영업 사원을 찾아야 할지 알아낼 수 있다.)
- 이사를 해야 하는 상황이다.
- 새로운 세일즈 매니저가 부임했는데 그와 갈등이 있다. (이 경우는 주의 깊게 알아볼 필요가 있다.)
- 다니던 회사가 시장의 변화를 따라가지 못해 영업 기회가 급격히 줄었다.
- 다니던 회사가 실적급 지급 방식을 영업 사원들에게 매우 불리하도록 변경했거나 상한선을 신설하였다.

결론적으로 그가 통제할 수 없는 영역에 변화가 생겼으며 그 변화에 대해 자신도 어찌할 수 없는 상황에 놓인 경우라 할 수 있다. 본인의 역량으로 많은 돈을 벌던 조직의 원칙과 기회에 어떤 변화가 생겼고 이해 타산 후에 이직을 결심하는 것이다.

인터뷰 과정에서 "더 도전적인 일을 찾고 있어요"라는 말은 믿지 마라. 이 말이 진실인 경우는 극히 드물다. 잘 만든 채용 프로세스는 반드시 진실을 밝혀낸다.

채용과 관련한 세부 사항에 대해 얘기하기 전에 다른 한 가지 중요한 측면을 짚고 넘어가자. 스타급 영업 사원을 채용하는 데는 성공했지만 결국은 실패한 경험이 있지 않은가? 제대로 영업 활동을 할 수 있는 환경을 만들어줘야 스타급 영업 사원들도 성공할 수 있다는 점을 명심하자.

화원에서 건강하고 생기 넘치는 모종을 하나 산다고 치자. 집으로 가져와 베란다의 화분에 심는다. 그런데 얼마 지나지 않아 모종이 시들어버린다. 그 원인이 허약한 모종을 샀기 때문이라고 단정할 수 있는가? 반드시 그렇지는 않을 것이다. 잘못된 흙에 심었을 수도 있고, 햇빛을 너무 많이 받게 했을 수도 있고, 영양 공급을 제대로 하지 못했을 수도 있다. 그 밖에도 많은 이유들이 있을 수 있다. 영업 사원이 실패를 하는 경우 그것이 회사나 세일즈 리더인 당신의 잘못일 수 있다는 가능성을 항상 열어두자. 회사는 스타급 영업 사원에게 지원을 아끼지 말아야 한다.

그리고 채용 시 그가 일할 환경에 대해서 솔직하게 얘기해주어야 한다. 마케팅팀은 양질의 잠재 영업 기회들을 영업 사원들에게 충분히 제공하는가? 만일 그렇지 않다면 다른 사람의 도움 없이 스스로 잠재 영업 기회를 잘 발굴하는 영업 사원을 찾아야 한다. 판매가 이루어진 뒤 고객사에 대한 사후 관리 책임이 영업 사원에게 있는가? 회사의 영업 프로세스에 대해 솔직하게 평가해보고 (혹은 프로세스 자체가 없을 수도 있다) 지금 채용하려는 후보자가 비슷한 환경에서 성과를 잘 내어왔는지 확인해보아야 한다. 콜드콜(고객의 요청이 없는데도 전화를 걸어 제품에 대한 수요가 있는지 확인하는 것)을 지난 수년간 해본 적이 없는 사람에게 회사의 영업 환경상 필수적으로 콜드콜을 요구한다면 그는 힘겨워할 것이다. 콜드콜 이외의 다른 모든 일들을 아주 잘하는 사람이라도 힘들어할 수밖에 없는 상황이다.

그가 과거 성공할 수 있었던 환경을 잘 살펴보라. 그저 그런 환경에서 성공적으로 영업했다면 훌륭한 영업 사원임에 틀림없다. 반면 훌륭한 영업 환경에서 뛰어난 성과를 냈던 사람이라면 당신 회사가 지난번 회사만큼의 훌륭한 영업 환경을 만들어주지 못할 경우 그저 평범한 영업 사원에 그칠 수도 있다. 훌륭한 판매 실적이 반드시 훌륭한 영업 사원을 뜻하는 것은 아니라는 점을 명심하자. 경우에 따라 그 사람이 일했던 회사가 해당 분야의 선두였을 수도 있다. 그 회사로서는 급여가 낮아서 그를 고용했을 수도 있다. 그리고 다른 여러 가지 이유들로 그가 잘한다는 얘기를 들었을 수 있다. 채용 과정을 통해 이 모든 진실을 알아내는 것이야말로 세일즈 보스인 당신의 역할이다.

07

스타급 영업 사원을
채용하는 단계별
접근 방법

인재 선발 과정(The Selection Process)

인재를 선발하는 탁월한 프로세스를 운영하려면 그에 맞는 계획과 적절한 준비가 필요하다. 조급함은 언제나 탁월함의 적이다.

5억 원의 회사 돈, 아니 당신의 돈 5억 원을 투자하는 상황을 상상해 보자. 투자에 얼마나 신중해지겠는가? 영업 인력 한 명을 잘 뽑는 것은 5억 원 이상의 돈, 즉 비용과 매출이 달려 있는 중요한 의사 결정이다. 그만큼의 의미를 두고 의사 결정을 해야 한다. 다음은 스타급 영업 사원을 채용하는 데 중요한 요소들이다.

채용 공고문 쓰기

채용한 직원이 입사 후 성공하려면 지원자들이 해당 포지션에 어떤 기술이 필요한지를 정확히 파악하고 지원해야 한다. 따라서 채용 공고문에는 어떤 제품을 팔게 될지보다는 어떤 기술이 필요한지에 대해 명확히 기술해야 한다.

- 잠재 고객은 어떻게 발굴하는가?
- 영업 활동은 어떻게 관리하는가?
- 어떤 지원 조직들이 있는가?
- 고객 측의 복잡한 의사 결정 과정을 거치는 영업인가?
- 개인을 대상으로 한 판매인가?
- 전화 커뮤니케이션을 기반으로 영업 프로세스를 진행하는가?
- 대규모의 고객을 대상으로 프레젠테이션을 해야 하는가?
- 제안 요청서(RFP : Request For Proposal) 과정이 있는가?
- 시장에 나와 있는 솔루션 가운데 가격이 가장 높은 솔루션인가?
- 비용이 가장 낮은 솔루션인가?
- 경쟁은 얼마나 치열한가?
- 경쟁사들과 견주어 매출 규모나 품질 수준은 몇 위 정도인가?
- 영업 사원이 새로운 고객을 유치했을 때 이를 관리할 전담 팀이 있는가?
- 영업 사원이 판매도 하고 서비스도 제공하는가?

채용 공고문을 작성하면서 이 모든 질문을 스스로에게 해보고 답도 해보아야 한다. 채용 공고문의 중요한 목적은 지원자들이 자신의 과거 경험이 채용 공고문에 적힌 요건에 맞는지 확인하도록 하는 것이다. 요건을 충족하지 않는다고 생각하면 스스로 지원을 하지 않도록 해야 한다.

채용 공고문에는 지원자의 현재 소득 금액과 당신의 '기대치'를 명시해야 한다. 여기서 '기대치'는 지원자들이 기대할 수 있는 소득 금액이 아니라 지원자가 얼마 정도 벌어가기를 당신이 기대하는지를 뜻하며, 그 정도 벌어갈 수 없는 사람이라면 지원하지 말라는 뜻이다. 숫자는 어떻게 전달하느냐에 따라 큰 차이가 있다. 스타급 영업 사원들은 비현실적인 숫자를 기대하지도 원하지도 않는다. 그들은 실제로 본인들이 얼마를 가져갈 수 있는지 알고 싶어 한다.

보상에 대해 기술할 때 아예 이렇게 표현할 수도 있다.

"지금까지 30퍼센트 실적급을 포함해 연간 9천만 원 정도를 벌어왔고, 앞으로는 연간 1억 2천만 원은 벌어야 할 사람이라면 이 포지션에 적합한 후보자라 할 수 있겠습니다."

채용에 적합하다고 결정을 내리면 항상 그 사람의 과거 소득 금액을 확인해야 한다. 연말정산 서류 등 소득 금액을 확인할 수 있는 증빙을 요청해야 한다. 그럼 언제 확인하는 것이 가장 좋은가? 채용하기 전 또는 후에? 우선은 지원자가 솔직하게 기술하도록 유도하는 것이 가장 좋은 방법이다. 입사가 확정되면 연말정산 서류를 통해 과거 소득 금액을 확인할 예정이라고 알려주면 된다. 나의 경험상 이렇게 하면 훨씬 정직한 답을 들을 수 있었다.

회사의 업종은 설명하되 채용하는 사람에 대해서는 출신 업종을 제한하지 않는 것이 좋다. "○○ 업종에서 영업해본 경험이 도움은 되겠지만 반드시 필요한 것은 아닙니다"라고 하면 된다. 입사 후 하게 될 영업 활동을 지금까지 성공적으로 해왔느냐가 업종보다 중요하다. 물론 둘다 충족한다면 이상적이겠지만 동종 업계에서 쌓은 경험으로 제한하지 않는 것이 좋다.

내 고객 중에 식품 공정 업계의 한 회사가 있었다. 그들은 끊임없는 권유 전화와 콜드콜을 통해 잠재 고객을 발굴할 영업 사원을 찾고 있었다. 그들은 식품 공정 업계에서 쌓은 경험이 있는 사람으로 지원자에 제한을 둘 수 있었다. 그러나 그들은 권유 전화라는 역할에 중점을 두었다. 결국 동종 업계 경험은 없지만 리쿠르팅 업계에서 전화 영업을 했던 사람을 최종적으로 선택했고 결과는 대성공이었다.

동종 업계의 경험보다는 어떤 영업 활동을 했는지에 초점을 두고 채용해야 한다는 점을 명심하자. 불필요한 자격 요건을 추가하여 후보군을 좁히는 일도 삼가야 한다. 예를 들어 많은 회사들이 특정 수준의 학력을 요구한다. 그러나 스스로에게 물어보라.

'이 사람이 진짜 스타급 영업 사원으로 우리 회사의 판매 환경에서 일을 잘해낼 수 있다면 굳이 학위가 필요한가?'

만일 '아니오'라면 공고문에 그 요건은 넣지 마라. 최고의 실적을 내는 영업 인력들 중에 대학에 가지 않은 사람들도 얼마든지 있다. 대학 졸업장이 없어서 영업을 시작했을 수도 있고 더 두둑한 월급 봉투를 위해 대학 진학보다 영업을 선택했을 수도 있다.

채용 공고문 말미에는 "적합한 지원자인지 판단할 수 있도록 최근에 성공적으로 수행한 판매 사례를 지원서 표지에 기술해주시기 바랍니다"라는 요청 사항을 넣어라. 이렇게 하면 두 가지 목적을 달성할 수 있다. 온라인 지원 시대라 엄청나게 많은 지원서가 들어올 것이다. 많은 지원자들이 '영업'이라고 명시된 자리에는 아무 생각 없이 마구 지원서를 넣기 때문이다. 이 조그만 요청 사항을 하나 추가하면 지원자가 채용 공고문을 제대로 읽었는지 알 수 있고 그들이 영업에 대해 어떻게 접근하고 어떻게 의사소통하는지도 알 수 있다. 다음은 채용 공고문의 예다.

당사는 두 명의 영업직 사원을 찾고 있습니다. 한 명은 미국 동부에서, 다른 한 명은 남동부 지역에서 영업 활동을 할 예정입니다. 훌륭한 지원자를 찾아 ○월 이전에 일을 시작할 수 있었으면 합니다. 당사의 채용 절차는 적합한 지원자를 찾기 위해 철저하지만 빠르게 진행합니다.

찾고 있는 지원자

지원자는 위 지역에서 재택근무로 일하며 월간 60~70퍼센트의 시간을 잠재 고객 방문에 써야 합니다. 또 전화, 대면 미팅, 각종 행사 등을 통해 지속적으로 잠재 고객을 발굴해야 합니다. 식품, 육류, 의료 그리고 제빵 시장의 포장업에 대한 지식이 있으면 좋겠지만 복잡한 판매 환경에서 성공적으로 영업을 해왔고 새로운 지식을 빠르게 배울 수 있는 능력이 있다면 유관 지식이 없어도 무방합니다. 2억 원부터 10억 원 정도 가격의 솔루션을 능숙하게 판매할 수 있어야 합니다. 언변이 좋고 회의실에서 좌중을 잘 다루며 열정이 있는 분을 원합니다. 사람들이 리더로 여기며 따라주고 자신이 맡은 비즈니스를 내 사업이라 생각하는 분을 찾습니다. 영업의 효율성을 높이기 위해 영업 활동을 기록하고 지표를 관리하는 데 익숙해야 합니다. 이미 높은 수준의 영업력을 갖고 있지만 지속적인 성장을 위해서는 코칭과 교육이 필요하다는 점을 이해하고 받아들여야 합니다.

연간 9000만 원을 초과하는 소득이 있었음을 증명해야 하며 연소득 1억 원을 넘겨야 한다고 생각하는 분이어야 합니다. 참고로 현재 당사의 상위 성과자들은 각종 수당이나 복지 혜택을 제외하고 연간 2억 원 넘게 벌고 있습니다. 당사가 갖고 있는 시장 내 평판과 제품 라인, 잠재 영업 기회 등을 고려할 때 당사는 높은 성과를 내지 못하는 영업 사원들은 원하지 않습니다.

지원서의 표지에 다음 질문에 대한 답을 적어주시기 바랍니다.

> ─ 세일즈에서 성공하는 데 가장 중요한 요인은 무엇이라고 생각하는가?
> ─ 지금까지의 영업 실적 중에 가장 **훌륭**하게 해냈다고 생각하는 사례는 어떤 것인가?

표지에 이 내용이 없을 경우 실격 처리합니다. 위에 나열한 요건 중 충족할 수 없는 항목이 있는데 이 일이 당신에게 꼭 맞는 일이라고 생각하여 지원한다면 우리가 당신을 왜 채용해야 하는지 설명해주시기 바랍니다.

회사 소개

당사는 식품, 의료기기, 개인위생 용품 등 공업용 제품의 포장 솔루션 분야의 리더입니다. 당사는 지난 15년 이상을 고객들과 긴밀하게 일하며 우수한 품질의 1차, 2차 솔루션을 개발해왔습니다. 당사의 목표는 우리 고객사들이 더 효율적으로 변화하고 그로 인해 경쟁력이 높아지는 것입니다. 당사는 프로젝트가 복잡하다고 피하기보다 오히려 정면으로 대응하여 프로젝트를 성공시킵니다. 글로벌 솔루션들과도 연계가 가능하므로 현재 포장업계의 선두 자리를 유지하고 있습니다. 성과를 내는 데 필요한 본사의 영업 지원도 탄탄하며 아울러 경쟁력 있는 급여와 복리후생을 제공합니다.

포지션에 대한 설명보다는 어떤 사람을 필요로 하는지에 초점을 맞추었다. 이런 종류의 채용 공고는 채용 웹사이트에 무수히 많은 공고문들 중에서 단연 돋보이며 능력 있는 후보자들의 관심을 끈다. 다음은 위의 공고문을 보고 실제로 지원한 사람의 지원서 표지 내용이다.

채용 공고문을 읽은 것만으로도 귀사에 대해 높은 관심을 지니게 되었습니다. 저는 국내외 고객들에게 시스템과 소비재를 판매한 풍부한 경험이 있습니다. 귀사의 웹사이트를 자세히 살펴본 결과 채용 담당자 분을 만나뵙고 제 능력과 기술이 귀사에 얼마나 도움이 될지에 대해 말씀을 나누는 게 좋겠다는 확신이 들었습니다. 저는 채용 공고문에서 '어떤 일을 하게 될지'를 길게 나열하지 않고 성공은 보상받되 실패는 용납되지 않을 것이라는 점을 분명히 해주신 점이 좋았습니다. 그리고 그걸 설명한 방식도 마음에 듭니다. 아주 솔직하고 실용주의적인 회사 문화라서 목표를 초과 달성할 수 있겠다는 확신이 듭니다. 요청하신 성공 사례는…….

공고문을 작성했으니 이제 공고를 할 차례다. 어떤 채용 사이트들이 있는지는 굳이 나열하지 않겠다. 너무 자주 바뀌기도 하고 업종이나 지역에 따라 다르기 때문이다. 주변 사람들에게 의견을 구해보면 어떤 사이트에 공고를 하는 게 좋을지 추천받을 수 있다. 업계 소식지나 웹사이트에 올리는 방법도 좋다. 당신 회사와 비슷한 세일즈 프로세스를 따르는 업종이 있다면 그 업종의 알려진 웹사이트에 올리는 것도 잊지 말자.

주변 사람들에게 공고한 내용에 적합한 사람이 있으면 추천해달라고 하는 것도 잊지 마라. 그런데 한 가지 주의할 점이 있다. 아는 사람이 누군가를 추천한 경우, 추천한 사람에 대한 당신의 선입견이 후보자를 평가하는 데 영향을 주기 쉽다. 주변인에게 추천받은 사람들에 대해서는 채용 프로세스를 약식으로 적용하는 회사를 가끔 보는데 거의 대부분 후회한다. 누가 추천을 하더라도 반드시 모든 프로세스를 원칙대로 거쳐야 한다. 추천한 사람이 후보자를 좋아하거나 당신을 도와주고 싶은 단순한 마음에 추천했을 가능성이 크기 때문이다.

다음으로는 현재 다른 회사에서 일하는 사람들 가운데 스카우트하고 싶은 사람들을 적극적으로 접촉해야 한다. 유능한 영업 사원은 대개 시장에 나오지 않는다. 그러니 당신 회사에 지원을 고려해달라고 설득해야 한다. 앞에서 설명한 '스타급 영업 사원들이 직장을 옮기는 이유(p.99)'를 다시 읽어보고 그에 해당하는 회사들을 우선 목표로 후보자들을 찾는 것이 확률이 높다. 최근 업계에 합병이 있었는지 확인해보자. 그렇다면 적어도 몇 명 정도는 새로운 변화가 마음에 들지 않아 회사를 옮길 의사가 있을 것이다. 업계 소식지가 이런 회사를 찾는 데 도움이 된다. 링크드인(LinkedIn)에서 후보군을 찾는 데도 시간을 투자하라. 리쿠르터 버전이나 프리미엄 멤버십을 가지고 있다면 한층 심화된 검색 기능을 쓸 수 있다. 훌륭한 영업 사원들을 많이 길러내는 회사의 이름을 알고 있다면 그 회사에서 일했던 사람들을 바로 검색해볼 수도 있다. 창의적으로 찾아라. 링크드인은 사람들에 대한 당신의 접근을 제한한다. 그러니 사용자 그룹에 가입하거나 리쿠르터 버전에 가입하는 것이 많은 도움이 된다.

중요한 것은 프로세스를 계속해서 진행하는 것이다. 모든 후보자들이 지원을 마칠 때까지 기다리지 말고 다음 단계를 시작하라. 전체 프로세스를 하나의 강이라 생각해보라. 스타급 영업 사원들은 결코 시장에 오래 머물지 않는다. 빠르게 프로세스를 진행하는 것이 중요하다.

가장 이상적인 상황은 회사의 브랜드가 시장에 강력하게 자리 잡고 있어서 최고의 지원자들이 당신 회사를 찾는 것이다. 세일즈 보스 역할을 이제 막 맡은 당신이 당장 이런 상황에 놓여 있을 리는 없겠지만 앞으로 그렇게 만들어갈 책임은 당신에게도 있다. 모든 훌륭한 컴퓨터 프로그래머들이 애플이나 구글의 인터뷰 요청을 고려하듯이 당신도 훌륭한 영업 사원들이라면 거절하지 않고 전화를 받을 그런 회사를 만들고 싶을 것이다. 이런 측면에서 소셜미디어 계정을 잘 관리하고 회사의 채용 사이트에 좋은 동영상을 올려놓는 것도 좋은 방법이다. 자, 다음 단계로 진행해보자.

이력서 해부하기

일련의 지원자 목록을 확보했고 이력서가 쌓였으니 어떤 사람들을 만나야 할지 결정해야 한다. 이것은 너무나 지루하고 따분한 일이다. 지원자 추적 시스템(ATS, Application Tracking System)을 쓰건 아니면 종이로 된 이력서를 리뷰하건 간에 재미없는 일임에 틀림없다. 그러나 빨리 팔을 걷고 시작해 끝을 내는 수밖에 없다. 최고의 후보자들은 시장에 오래 머물지 않으므로 서둘러야 한다. 시간을 끌수록 최고급 인재는 놓치고 그저 그런 후보자들만 남을 것이다.

다음의 세 종류로 이력서 파일을 나눌 것을 제안한다.

1. 기회 없음
2. 가능성 있음
3. 면접 볼 필요 있음

위에서 얘기한 권고 사항을 받아들여 지원자들이 표지의 추가 질문에 답을 쓰도록 했다면 일이 쉬워진다. 지원자 수가 충분하다면 추가 질문에 답을 쓰지 않은 사람들은 일단 1이나 2로 분류한다.

예쁘게 꾸미거나 글을 잘 쓴 이력서에 속지 마라. 많은 이력서들이 소설에 불과하고 대부분 미화한 것들이라는 점을 기억하자. 때로는 최악으로 보이는 이력서가 스타급 영업 사원의 것일 수 있다. 아주 오랜만에 이직을 하는 거라 그들에게는 오래전에 쓴 이력서일 수 있다. 스타급 영업 사원은 본인의 실적 외에 다른 걸로 평가받으리라고는 절대 생각하지 않는다. 가장 좋아 보이는 이력서는 구직 경험이 많은 사람의 것일 가능성이 크다. 자주 새 직장을 구하는 사람을 찾고자 지금 이런 수고스러운 일을 하는 것이 아니다. 가장 기본적인 것은 후보자가 당신 회사와 비슷한 영업 환경에서 성공해왔다는 증거를 찾는 것이다. 채용 공고문에 넣은 질문들을 다시 한 번 생각해보라. 이 지원자는 얼마나 많은 부분에서 우리의 요건에 맞는가? 물론 많을수록 좋다!

지원자들이 영업 관리나 마케팅직을 찾는 게 아니라 영업직을 찾고 있는 게 맞는지를 확실히 하라. 오랫동안 영업 관리자로 일해왔는데 일반 영업 사원으로 돌아가고 싶어 하는 사람은 채용하지 않는 것이 좋다. 본인의 판매 기술과 역량을 보여주며 지금까지 현역으로 활동하고 있고 앞으로도 그렇게 할 사람을 찾아야 한다.

이전 직장에서의 근무 기간은 어떠한가? 최근에는 사람들이 과거보다 직장을 자주 바꾼다. 각각의 직장 또는 역할에서 몇 년간 일했는지 계산하여 이력서의 가장자리에 써보라. 일정한 패턴을 볼 수 있을 것이다. 어떤 사람은 3년에 한 번씩 직장이나 일을 바꾸고 어떤 사람은 또다른 주기로 일을 바꾼다. 이 기간만 보고 후보자를 탈락시킬 필요는 없지만 적어도 그 사람이 당신과 함께 얼마 동안 일하게 될지는 예측할 수 있다. 그 기간 동안 투입될 에너지 그리고 당신 회사의 영업 주기를 생각했을 때 후보자로서 고려할 가치가 있는지 고민해야 한다. 같은 조건이라면 뛰어난 영업 사원들은 직장을 자주 바꾸지 않는다.

뛰어난 영업 사원들에게서 볼 수 있는 또 하나의 패턴은 한 직장에서 오랜 기간 일하고 그다음 두세 곳 회사를 짧게 다닌 경우다. 이 패턴은 괜찮다. 한 회사에서 일을 아주 잘하다가 어떤 변화가 일어났고 지금 새로운 곳을 적극적으로 찾고 있는 것일 테니까. 새로 찾은 일이 자신이 원하는 일이 아님을 알고 두세 곳의 회사는 빨리 그만뒀을 수 있다. 인터뷰 과정에서 진실을 가려낼 수 있을 것이다. 내 경험상 찜찜한 경우는 영업을 하다가 자기 사업을 시작하고 실패한 다음 다시 영업을 하려는 경우다. 이들은 대체로 영업이 사업보다 '안정적인' 직업이라 생각하고 돌아오는 것이다.

이력서를 읽을 때 결과를 표현하는 문구들, 예를 들어 '매출을 00퍼센트 증가시켰다'거나 '팀원들 중 두 번째로 실적이 좋았다' 등을 발견하면 밑줄을 쳐두어라. 인터뷰 과정에서 활용할 수 있다. 자, 그럼 몇 개의 이력서가 3번, 즉 '면접 볼 필요 있음'에 해당하는가?

이제 인터뷰에 대해 생각해보자. 모든 회사가 조금씩 다른 인터뷰 프로세스를 가지고 있는데 다음에 제시한 것은 대부분의 회사들에서 효과적으로 활용하는 인터뷰 프로세스다. 다른 프로세스를 추가해보거나 어떤 프로세스를 빼고 싶다면 먼저 그 프로세스를 왜 추가하거나 빼야 하는지, 그 변화가 전체 채용 과정에 어떤 영향을 줄 것인지를 명확히 해야 한다.

예를 들어 많은 경우 전화 인터뷰를 통해 후보자를 1차 선별한다. 하지만 판매 기술 외에 특정 기술이 요구되어서(의사 또는 엔지니어여야 한다거나 다른 어떤 특정한 지식이 요구되는 경우) 후보군이 아주 적은 경우에는 전화 인터뷰를 건너뛰기도 한다. 이런 경우 전화 인터뷰 단계를 빼는 것이 합리적이다.

4단계의 인터뷰 기법 ···

인터뷰 중 실수하기 쉬운 영역이 있다. 우리는 대부분 다른 사람들에게 호감을 얻고 싶은 건강한 욕구가 있다. 그런데 그 때문에 인터뷰 과정에서 잘못을 저지르기도 한다. 인터뷰 중 '착한 사람' 역할을 하게 되는 것이다. 인터뷰를 막상 시작하면 지원자가 입사하고 싶은 마음이 들도록 하고 싶어져 지원자를 환영하는 듯한 분위기를 만드는 데 신경을 쓴다.

좋은 결과를 원한다면 다른 마음가짐이 필요하다. 당신의 역할은 '영업을 제대로 할 줄 모르는 사람'이 당신 팀에 들어오지 못하도록 막는 것이다. 당신이 좋아하고 늘 칭찬하는 직원을 떠올려보라. 그리고 잘못된 영업 사원을 채용하는 바람에 당신이 좋아하는 그 사람을 내보내야 하는 상황을 상상해보라. 당신이 좋아하는 그 직원에게 더 이상 급여를 지급할 수 없으니 나가달라는 말을 해야 한다면 마음이 어떻겠는가? 그 마음을 그대로 가지고 인터뷰에 들어가라. 실제로 일어날 수 있는 일이다. 영업팀을 무능한 사람들로 채운다면 결국 회사는 문을 닫게 된다. 지금은 매우 엄중한 상황이다. 제대로 역할을 해야 한다. 무능한 영업 사원을 뽑았다 내보내는 일을 반복하다 보면 어느 날 당신의 상사가 당신에게 해고 통보를 내릴 것이다. 채용을 제대로 하지 못하는 것만큼 리더의 신용에 흠을 내는 일은 없다.

인터뷰는 공손하되 직접적이어야 한다. 당신의 역할은 지원자를 편안하게 해주는 것이 아니다. 최고의 인터뷰는 지원자를 계속해서 약간 당황스럽게 하는 것이다. 결국 당신은 스트레스를 받는 상황에서 사람들이 어떻게 일을 수행하는지 보고 싶을 것이다. 관심도 없고 심지어 경계 태세를 취하는 잠재 고객들에게 전화를 거는 것이 그들의 일이기 때문이다. 영업에 성공하려면 유대감과 친밀감을 형성하는 기술을 가지고 있어야 한다. 인터뷰 과정에서 후보자가 당신을 대상으로 자신의 그 능력을 보여주게 하라. 당신은 그냥 진실을 찾는 데 집중하면 된다.

4단계의 인터뷰 프로세스는 다음과 같다. 각 단계에 달성할 구체적인 목표에 대해 깊이 있게 들여다보자.

1. 10분 전화 인터뷰
2. 압박 인터뷰
3. 과제 수행 인터뷰
4. 로맨스 인터뷰

10분 전화 인터뷰

10분 전화 인터뷰의 목표는 간단하다. 직접 만나볼 가치가 있는지를 판단하는 것이다. 솔직히 후보자를 보는 순간 '이 사람은 아니다'라고 바로 판단할 수 있는 경우가 많다. 이것을 사무실까지 불러서 하지 말고 전화로 하는 것이다. 적합한 후보자가 아니라는 생각이 드는 순간, 최대한 빨리 전화를 마무리하라. 이때 잘 짠 전화 통화 각본을 그대로 따르는 것이 중요하다. 다시 강조하지만 공손하되 사람들을 편하게 해주려고 지나치게 노력하지 말아야 한다. 그건 그들의 몫이다.

다음은 수많은 전화 면접에서 효과적으로 사용해온 각본이다.

"안녕하세요, ○○○ 씨. 저는 ○○ 회사의 ○○○이며 인터뷰를 위해 전화드렸습니다. 인터뷰는 10분간 짧게 예정되어 있습니다. 지금 통화가 괜찮으신지요?"

"좋습니다. 공고를 내고 많은 분들이 지원해주셨습니다. 그래서 오늘 빠르게 진행하는 점 양해를 구합니다. 제 목표는 지원자들 중에서 저희 팀과 대면 인터뷰를 하게 될 세 분을 결정하는 것입니다. 현재 저희 팀에는 빈자리가 하나이고 그 자리에 가장 적합한 분을 찾고 싶습니다. 괜찮으십니까?"

"○○ 회사에 대해 아시는 것을 말씀해주시겠습니까?"(대답이 어떻든 간단히 "좋습니다"라고 하고 계속 진행한다.)

"당신의 경험 중에서 어떤 것이 지원하신 포지션에 맞다고 생각하십니까?"

"영업 사원으로 당신 자신을 어떻게 설명하시겠습니까?"

"현재 하고 있는 영업 업무를 설명해주시지요."

"일주일을 어떻게 활용하십니까?"(대답과 상관없이 질문하는 목소리로 말하라. "그게 효율적입니까?" 이렇게 하면 후보자가 불편하게 느끼거나 방어적인 태도를 보일 것이다. 반응을 주의 깊게 보라. 그 사람은 잠재 고객을 대할 때도 비슷하게 반응할 것이다. 확신에 차 보이는가? 유머를 활용하는가? 그가 당신을 편안하게 해주는가? 아니면 그냥 방어적이기만 한가?)

"제가 시작하는 문장을 완성해주시기 바랍니다. '대부분의 영업 사원들은 _____ 때문에 실패한다.'"

"이력서에 대한 질문을 한 가지 하겠습니다."(적절한 질문을 하나 하면 된다. 인터뷰가 대규모로 천편일률로 진행되는 것이 아니라 그 사람만을 위한 것임을 알려주려는 것이다.)

"새로운 영업 기회를 만들어내기 위해 잠재 고객을 발굴하고 있나요? 그렇다면 어떤 방법으로 잠재 고객을 발굴하나요?"

(만일 그가 "전화로 합니다"라고 대답한다면 "오, 좋습니다! 잠시 저와 역할극을 한번 해볼까요? 제가 잠재 고객입니다. 자, 제가 전화를 받고 '안녕하세요'라고 합니다. 시작해보세요.")

(그가 "저는 인맥을 통해서 합니다"라고 한다면 그에 맞게 역할극을 조정하라. 핵심은 후보자가 최근 평소 하고 있는 것을 그대로 해보게 하는 것이다. 그가 편안하게 느끼는지, 유창하게 해내는지 즉각 알아채야 한다. 이렇게 하면 오랫동안 잠재 고객 발굴 활동이 뜸했던 사람을 바로 걸러낼 수 있다. 평소에 잠재 고객 발굴 활동을 꾸준히 하는 사람이라면 완벽하게 이해하고 혀에서 술술 나올 것이다. 착한 잠재 고객 역할을 하라. 후보자들을 곤란하게 하는 것이 목적이 아니다. 만일 후보자가 더듬거린다면 "괜찮습니다. 다시 시작해보실래요?"라고 말하라. 오랜 기간 영업을 하면서 수도 없이 했을 일을 정말 편안하게 하는지 확인하는 것일 뿐이다.)

(그 사람이 한 것에 대해 당신이 어떻게 생각하는지 어떤 의견도 남기지 마라. 그냥 "어땠던 것 같아요? 잘 보여준 것 같으세요?"라고 간단히 물어보라.)

"가장 잘했던 딜에 대해 맨 처음 고객을 접촉했을 때부터 수주할 때까지의 과정을 설명해주세요." (얼마나 '사실'로 들리는지 주의를 기울여라. 후보자가 실제 해당 딜을 주도한 것인지 아니면 그냥 주변에 머물러 있었던 것인지 그 차이를 알아낼 수 있을 것이다. 설명을 마치고 나면 물어보라. "왜 그 예를 선택하셨나요?" 대답을 들어보면 후보자가 영업에 대해 어떻게 생각하는지가 드러날 것이다.)

(마무리) **"시간이 다 되었군요. 최종 세 분의 지원자들과 대면 인터뷰 일정을 잡을 예정입니다. 일정 협의를 위해 어디로 이메일을 드려야 할지 일러주시기 바랍니다."**

각 질문의 답에 대해 1부터 3까지 점수를 매겨라. 3이 제일 좋은 답이다. 너무 많이 생각하지 말고 직관적인 느낌을 따르는 게 좋다. 그리고 지원자가 대답을 할 때 바로바로 점수를 매겨야 한다. 전화를 끊은 다음 전체 질문에 대한 점수를 한꺼번에 매기는 것은 효과적이지 않다.

전화를 마치고 '좋은 사람이다'라는 생각이 들면 3점의 보너스 점수를 줘라. 이것은 지원자가 당신을 편안하게 하는 데 성공했는지의 여부다. 전화 통화가 즐거웠는가? 어느 시점부터는 인터뷰를 한다는 걸 아예 잊어버렸는가? 그렇다면 그 지원자는 잠재 고객들과의 친밀감 형성도 잘할 것이다.

다음의 각 항목에 대해 추가로 1점씩을 주라.

- 목소리와 말의 속도가 좋았는가?
- 표현이 분명했는가?
- 통화 중에 또는 당신이 통화를 마치려고 했을 때 지원자가 당신에게 질문을 시도했는가? 훌륭한 지원자는 이 채용 기회에 대해 더 구체적인 것들을 알아내기 위해 당신을 붙잡아두려 할 것이다.

전체 점수를 합하고 점수가 제일 높은 사람 순서로 다음 인터뷰 일정을 잡으라. 빨리 진행해야 한다는 점을 기억하자. 뛰어난 지원자들은 시장에 오래 나와 있지 않는다. 당장 내일로 일정을 잡을 수 있는가? 화상 통화로 다음 인터뷰를 한다면 프로세스를 빨리 끝낼 수 있겠는가? 최대한 빨리 하도록 하라.

잘 쓴 인터뷰 초대장은 인터뷰의 기대치를 명확히 하는 데 도움이 된다. 후보자도 당신을 판단하고 있음을 명심하라. 다음은 샘플 이메일이다. 수정하여 활용하기 바란다.

○○○ 씨,

오늘 전화 인터뷰에 시간을 내어주셔서 감사합니다. 저희는 당신이 저희 영업팀에 맞는 분인지를 알기 위해 더 시간을 갖고 싶습니다. 저희는 행복하고 성공적인 사람들과 함께하는 위대한 회사를 만들어가고 있다고 자부합니다. 다음 인터뷰는 아래의 일정들 (날짜/시간)이 가능합니다. (가능한 일정을 나열하든지 그들이 바로 당신의 일정표에 표시를 할 수 있도록 스케줄링 링크를 보내주어라.)

(웹사이트, 소셜 미디어 계정 등) 여기를 방문하면 저희에 대한 정보를 확인하실 수 있습니다.

다시 말씀드립니다만 저희는 한 명의 후보자를 찾고 있습니다. 검증된 성공 경험을 보유하고 자신의 역량을 높이기 위해 열심히 노력하는 분이야말로 저희가 찾는 분입니다. 새롭게 채용할 분은 격주마다 해당 지역의 고객들을 방문합니다. 그리고 후보자가 기본급과 실적급을 합쳐 최소 ○○억 원의 수입을 올릴 것으로 당사는 기대합니다. 지속적으로 이 숫자를 달성하는 데 실패하면 고용을 해지할 것입니다. 영업 사원이 새로운 일자리를 찾을 때는 일마를 벌 수 있는지 현실적인 숫자를 알아야 한다고 생각합니다. 저희도 여러 지표를 통해 해당 지역에서 어느 정도 매출이 가능한지를 알기 때문에 이러한 정책을 유지해오고 있습니다.

인터뷰를 수락하신다면 현재 회사에서 잠재 고객을 방문할 때 사용하는 영업 자료, 파워포인트나 브로셔 등을 가져오시기 바랍니다.

이번 인터뷰 외에 마지막 인터뷰가 더 있습니다. 저희는 이 인터뷰가 최대한 빨리, (날짜)까지는 마무리되기를 바랍니다.

언제가 좋을지 알려주시기 바랍니다. 다시 뵙기를 고대하겠습니다.

이 메일에서 분명해 해야 할 몇 가지 중요한 것들이 있다. 우리는 지원자가 입사 후 성공적으로 업무를 수행해내고 배움을 지속하기를 바란다. 또 우리는 영업 프로세스를 정확히 이해하고 있고 새로 들어올 영업 사원이 어느 정도의 실적을 기대할 수 있는지를 안다. 우리는 기대 소득(지원자가 버는 소득에 대하여 당신이 기대하는 금액)을 알려주었고 실적에 기반을 두어 임금을 지불하는 점을 명확히 하였다. 앞으로 남은 채용 절차에 대해 설명하였고 언제 끝날지 알려주었다. 훌륭한 지원자들은 분명 여러 회사와 얘기를 하고 있을 것이므로 이렇게 모든 내용들을 명확하게 설명해주는 것이 중요하다. 당신 회사에 관심이 있다면 다음 과정을 기다릴 것이다.

압박 인터뷰

이 인터뷰는 대개 45분간 진행한다. 다시 한 번 강조하지만 당신의 임무는 지원자를 편안하게 해주는 것이 아니다. 그래서 나는 이 인터뷰를 '압박 인터뷰'라고 부른다. 스스로를 편안하게 하는 것은 지원자의 몫이다. 당신의 임무는 회사를 지키는 것이다. 회사 사람들 중에 두세 명이 면접을 참관하도록 하는 것이 좋다. '참관'이라는 점을 명심하라. 메모를 하되 인터뷰에 적극적으로 참여하지는 말아야 한다는 뜻이다.

진행 방법은 다음과 같다. 시시한 잡담으로 인터뷰를 시작하지 마라. 정중하되 직설적으로 진행해야 한다. 탁월한 지원자라면 분위기를 주도하여 부드럽고 화기애애한 분위기를 만들고 싶을 것이다. 지원자들이 하는 대로 두고 그들이 얼마나 효과적으로 분위기를 이끌어가는지 지켜보라. 아마도 그들은 고객들에게도 똑같이 할 것이다. 다음은 압박 인터뷰에 사용할 수 있는 몇 가지 질문들이다. 여기에 당신이 원하는 중요한 질문을 추가하면 된다. 이 인터뷰는 때로 화상회의로 진행되기도 한다.

"인터뷰에 응해주셔서 감사합니다. 전화 면접 시 말씀드렸던 대로 관심 있는 지원자들이 많았고 그중 가장 훌륭한 지원자들 몇 분만 직접 면접을 하고 싶었습니다. 시간이 45분밖에 없으므로 빠르게 진행하는 점 미리 양해 부탁드립니다. 알고 싶은 것들이 너무나 많습니다."

"이 인터뷰가 끝나면 평판 조사를 하고 기존 소득을 확인할 겁니다. 그리고 신속하게 한 번 더 인터뷰 일정을 잡게 될 텐데 그때는 질문도 마음껏 하시고 사무실도 둘러보실 수 있습니다. 저희에 대해 궁금한 점이 많으실 걸로 압니다만 그때 기회를 드리겠습니다. 괜찮으시겠습니까?"

"좋습니다. 입사가 확정되어 저희 팀의 일원이 된다면 당신에 대해 제가 알아야 할 가장 중요한 것은 무엇일까요? 가장 중요한 한 가지를 말씀해주세요."

"왜 그 점을 선택하셨나요?"

"가장 최근 맡은 역할에 대해 설명해주세요."

"잠재 고객을 어떻게 발굴하십니까?" (자세하게 얘기를 들어라. 얼마나 많은 잠재 고객을, 얼마나 자주 발굴하며, 그것이 실제 영업 기회로 전환되는 비율은 얼마인지 등. 후보자가 답하는 것을 받아 적어라. '열 통에서 스무 통 정도의 전화를 합니다'라고 애매하게 답하지 않도록 하라. 정확히 몇 번인가? 훌륭한 영업 사원들은 숫자를 정확히 안다.)

"현재 당신 회사의 영업 프로세스는 몇 단계로 구성되어 있습니까?" (후보자들에게 '영업 단계별 전환율(다음 단계로 진행되는 비율)'을 알려달라고 하라. 숫자를 제대로 알아내기 위해서는 다음과 같이 차례차례 안내해주는 것도 좋다. 예를 들어,)

- 총 50통의 전화를 하게 되면 열 개의 약속이 잡힙니다.
- 열 개의 약속 중에서 세 개가 다음 단계로 진행됩니다.
- 그리고 셋 중에서 두 개가 견적까지 진행되며 견적까지 진행된 딜의 최종 성사율은 50퍼센트입니다.

"판매를 완료하는 데까지는 얼마나 걸립니까?"

"주요 경쟁사는 어디입니까?"

"경쟁 시 가격이나 제품의 품질 등을 어떻게 비교합니까?"

"지금 판매하고 있는 제품에 대해서 처음부터 알았더라면 좋았겠다 싶은 것은 무엇입니까?"

"지금까지 영업을 하며 한 실수 중에서 가장 큰 것은 어떤 것이었습니까? 그 실수에서 무엇을 배웠습니까?"

"현재 회사의 급여나 보상 구조는 어떻습니까?"

"작년 매출 실적은 얼마였습니까?"

(이제 숫자를 모두 알아냈으니 후보자와 함께 거꾸로 계산을 해보라. 대답의 진실성을 확인해보는 것이다. 예를 들어, "그러니까 작년 일 년간 00억 원을 판매하신 거죠? 건당 평균 매출 금액으로 나눠보면 고객에게 X개를 판매한 거네요, 맞죠? 그러면 월간 X건? 그러니 총 X통의 전화를 했고 그중에서 X건의 다음 약속을 잡았던 거네요" 하는 식이다. 대개 그들이 주장하는 성사율과 잠재 고객 발굴 활동 숫자가 맞지 않을 것이다. 그러면 그냥 이렇게 말하라. "그런데 숫자가 왜 안 맞죠? 제가 계산을 잘못했나요?" 스타급 영업 사원이라면 이 말에 당황하거나 동요하지 않고 왜 그런지 설명할 것이다. 웃으면서 이렇게 말할지도 모른다. "솔직히 말씀드려서 그렇게 자세하게 숫자 관리를 하지 않아요. 결과만 보는 편입니다." 실력이 없는 영업 사원이라면 허둥지둥 어쩔 줄 몰라 할 것이다. 차이가 확연히 보일 것이다.)

"처음부터 본인이 주도했던 사례 하나를 들어 처음부터 끝까지 영업 과정을 설명해주세요."(입사했을 때 이미 다른 사람이 진행해오던 건인데 나중에 본인이 마무리한 딜 얘기를 듣고 싶은 게 아니다. 아주 사세하게 질문하라. 그러면 '진짜' 있었던 딜인지, 그 사람의 역할이 정말로 큰 딜이었는지 알 수 있다. 자신이 진행한 딜에 대해서 영업 사원들은 아주 상세한 것까지 모두 기억한다. 정확하지 않은 숫자로 소설을 쓰지 않도록 정확히 질문하고 확인하라.)

"잠재 고객들에 대한 이야기를 좀 해주시겠습니까?"

"영업 자료를 가지고 오시라고 말씀드렸습니다. 평소 고객 방문 상황에 대해 역할극을 해보겠습니다. 제가 어떤 고객 역할을 할까요?"

(역할극을 최대한 잘하되 지원자를 곤란스럽게는 하지 마라. 전화 면접 때처럼 착한 잠재 고객이 되어주어라. 역할극의 목적은 그 사람의 처신을 확인하는 것이다. 질문을 제대로 하는지, 이야기를 잘 전개하여 요점을 효과적으로 전달하는지, 군더더기 없이 간결하게 얘기하는지 등을 확인하라.)

"(역할극이 끝난 뒤) 만일 처음으로 돌아가서 역할극을 다시 한다면 방금 한 것과 좀 다르게 해보고 싶은 게 있나요?" (지원자가 다른 사람의 코칭을 잘 받아들이는지 알고 싶다면 역할극 중에 마음에 들지 않았던 부분을 지적해주고 다시 해보라고도 할 수 있다.)

"어떤 관리 스타일을 좋아하나요?"

"동시에 진행하고 관리해야 할 활동이 상당히 많을 텐데 어떻게 우선순위를 정하고 관리하나요?"

"과거 함께 일했던 상사가 당신의 성과에 대해 지적한 사항들 중 수긍하기 어려웠던 것이 있었다면 어떤 것들인가요?"

"새로운 영업 기술을 배우는 데 당신한테는 어떤 방법이 가장 잘 맞나요?"

(해당 지원자의 경험이나 능력이 채용 공고문에 제시했던 기준들에 맞는지 확인하는 질문을 해야 한다. 예를 들어, 당신 회사가 '위원회' 형태로 운영하는 고객에게 판매를 하고 영업 사원이 위원회를 대상으로 프레젠테이션을 해야 한다면 지원자가 최근에, 얼마나 자주 프레젠테이션을 해왔는지 반드시 확인해야 한다. 회사를 옮기거나 역할을 바꾼 이력에 대해서도 자세하

게 질문해야 한다. 이력서를 읽으며 밑줄을 쳐놨던 부분, 과거 성공적으로 했다고 자랑한 것들에 대해서는 구체적으로 확인하라.)

지원자에게 다음과 같이 압박을 주는 상황을 만들어보라. 영업 사원으로서 성공하는 데 가장 중요하다고 생각하는 자질이나 습관 다섯 가지를 써보게 하라. (화이트보드에 쓰게 하는 것이 좋다.) 당신의 의견을 얘기하지 말고 일단 그냥 지켜본다. 그다음 중요도에 따라 1부터 5까지 순위를 매겨보라고 한다. 마지막으로 중요도 '4'를 매긴 항목을 지목하면서, "제가 보기엔 4번 항목도 굉장히 중요하다고 보는데요. 왜 1순위나 2순위로 선정하지 않았습니까?"라고 물어본다. 다시 한 번 말하지만 이것은 지원자가 스트레스 상황을 얼마나 잘 관리하는지를 보기 위한 것이다. 옳거나 틀린 답은 없고, 방금 보인 지원자의 반응이 그가 잠재 고객을 상대하는 상황에서라면 얼마나 효과적일지에 대해서만 판단해보기 바란다.

일단 지원자가 떠나고 나면 10분 정도 조용히 앉아 있다가 인터뷰 과정을 참관한 사람들에게 그들이 관찰한 것이나 느낀 것들을 요약 정리해달라고 요청한다. 이때 당신의 의견을 그들과 공유하지 않는 것이 좋다. 사람들은 자신의 의견을 다른 사람의 의견에 맞춰 조정하려는 경향성이 있다. 모든 참관인이 각사 관찰한 바를 쓰고 나면 전체 참관인들과 공유하는 시간을 갖도록 하라. 그리고 해당 지원자에 대해 다음 과정을 진행할지 말지를 결정하라. 방을 나서기 전에 결정하도록 한다. 만일 진행하기로 결정했다면 당일 중으로 지원자에게 연락을 취하는 것이 좋다.

남은 두 단계는 과제 수행 인터뷰와 로맨스 인터뷰다. 과제 수행 인터뷰 결과가 좋다면 로맨스 인터뷰를 바로 이어서 진행하는 경우가 많다.

과제 수행 인터뷰

과제 수행 인터뷰는 지원자가 입사를 하게 된다면 당신 회사의 제품이나 서비스의 판매 활동을 얼마나 잘할지 확인하는 절차다. 영업 자료와 역할극 시나리오 그리고 대본을 제공한다. 상황은 새로운 잠재 고객을 처음 만나는 자리일 수도 있고, 그 이후 단계에서 발생하는 어떤 상황일 수도 있다. 이를 통해서는 지원자가 정보를 얼마나 쉽게 습득하고 내재화하는지, 실제 영업 상황에서 어떻게 행동할지를 확인할 수 있다. 하루 정도 준비할 시간을 주고 다른 팀원들과 짝을 이루어 역할극을 해보라고 할 수도 있다. 준비할 때 어떤 자료를 제공할지에 대해서는 www.jonathanwhistman.com을 참조하기 바란다.

지원자에게는 다음과 같이 말한다.

"○○○ 씨, 지금까지 보여준 모습이 참 인상적이었습니다. 마지막 채용 결정을 하기 전에 당신이 정말로 저희 제품을 즐겁게 판매할 수 있을지, 그리고 당신이 어떻게 그것들을 고객들에게 소개할지를 확인하기 위해 마지막 실습 요청을 드리고 싶습니다. 필요한 자료와 대본 그리고 역할극 상황을 드리겠습니다. 저희 팀원들 앞에서 판매 시연을 한번 해주시기를 부탁드립니다. 저희가 준비한 자료가 완벽하지 않고 부족한 점들이 있겠습니다만 재량껏 해주시면 됩니다. 실제 영업 활동 모습을 보고 싶을 따름입니다. 진행이 잘되면 이어서 사무실 구경도 시켜드리고 팀원들도 만나게 해드리겠습니다. 궁금한 점들에 대한 답변도 드리겠고요. 일정을 언제로 잡으면 좋을까요?"

지원자가 준비하는 며칠 동안 나머지 필요한 과정을 진행하도록 한다. 이때는 지원자의 평판을 체크하기에도 좋은 시점이 될 것이다. 지원자에게 본인의 평판을 확인해줄 사람들과 통화 약속을 잡아달라고 할 수 있다.

"마지막 인터뷰를 준비하시는 동안 저희가 ○○○, ○○○ 등(기존 회사에 함께 다닌 사람들)과 지원자님에 대해 얘기할 기회를 갖고 싶습니다. 그분들께 이메일을 쓰셔서 저희와 연결시켜주실 수 있겠습니까? 감사합니다."

목록을 주고 지원자들에게 직접 전화 통화 일정을 잡아달라고 하면 일이 훨씬 간단해진다. 지원자가 "사실 그분은 저의 평판을 확인하기에 적합한 분이 아닐 수 있는데요"라고 얘기하는 경우가 있다. 이때는 인터뷰에서 말한 것들이 전부 진실이 아닐 수 있음을 알아차려야 한다. "그럼요, 문제없습니다"라고 한다면 그가 얘기했던 것들이 적어도 진실의 한 버전이었음을 알 수 있다.

회사의 규정상 필요하다면 신원 조사를 할 수도 있다. 그리고 지금이야말로 구글에 20분 정도를 투자할 시간이다. 지원자의 이름으로 구글 검색을 해보라. 링크트인 프로필을 주의 깊게 들여다보라. 거기서 나오는 내용들이 지금까지 그가 얘기한 것들과 일치하는가?

그가 온라인상에 썼던 모든 글을 읽어보라. 너무 과하다는 생각이 들지도 모른다. 그러나 5억 원이 넘는 돈을 투자하는 상황이라면 내 결정이 옳은지 확인하기 위해 결정에 영향을 줄 수 있는 어떤 단서라도 찾아야 하지 않겠는가?

이번 역할극에는 가급적 지난번 인터뷰 때와는 다른 사람들을 참석시키는 것이 좋다. 앞으로 함께 일하게 될 팀원들을 역할극의 파트너 또는 고객 역할을 하도록 하는 것도 좋다.

발표가 끝나면 지원자에게 결과를 알려주어야 한다. 어떤 점을 잘했는지 확실하게 얘기해주고 개선할 필요가 있는 점도 꼭 한 가지 지적하라. 지원자가 지적에 대해 어떻게 반응하는지를 보는 것은 매우 중요한 일이다. 그가 성장에 대해 마음이 열려 있는 사람인지 알아볼 수 있는 좋은 기회가 될 것이다.

적절하다면 다음 단계, 즉 로맨스 인터뷰를 바로 진행한다. 지원자가 적합하다고 의견 일치를 보았다면 같은 날 인터뷰를 진행한다. 스타급 영업 사원을 채용하는 데 시간은 매우 중요한 요소라는 점을 다시 한 번 기억하자.

로맨스 인터뷰

마침내 지원자가 당신 회사와 사랑에 빠지도록 구애를 해야 할 시점이다. 모든 것을 내려놓고 그가 당신 팀에 합류하고 싶은 마음이 들게 하라. 지원자의 모든 질문에 성심껏 답을 해주고 사무실을 구경시켜준다.

되도록 지원자를 특별한 곳으로 데려가 식사를 하는 게 좋다. 최종적으로 입사 제의를 하겠다고 하라. 그리고 나서 주의 깊게 지원자를 살펴보라. 인터뷰가 모두 끝나고 더 이상 자신을 '팔' 필요가 없는 상황에서 그는 어떻게 행동하는가? 여전히 관찰할 수 있는 것들이 많다. 식당 종업원들을 어떻게 대하는가? 분명 같은 태도로 동료 직원들을 대할 것이다. 걸어서 갈 수 있는 식당으로 가지 말고 식당까지 그의 차로 가라. 면접을 하러 오는 후보자는 인터뷰를 위해 만반의 준비가 되어 있겠지만 '새로운 보스를 자기 차에 태우고 운전을 하는 것'은 예상치 못했을 것이다. 다른 사람 차를 타보면 알게 되는 것들이 생각보다 많다. 정리가 잘된 사람인가? 깔끔한 사람인가? 작은 것들이지만 이 모든 것들이 중요하다.

•　•　•

지금이 결정을 바꿀 수 있는 마지막 시간이다. 곧 최종적인 채용 결정을 내리게 될 것이다. 그리고 채용을 성공적으로 마무리하기 위해 꼭 필요한 요소가 하나 더 있다. 바로 과학적인 진단 방법을 활용하는 것이다. 다음 장에서 이것이 왜 중요한지 알아보자.

08

지원자 선정 과정에
과학적인 진단 방법
활용하기

인간의 행동이나 습성을 과학적인 방법으로 이해하려는 시도는 오랫동안 있어왔고 그에 따라 상당한 수준으로 발전하였다. 그리스 시대의 의사 갈레노스(Galenos)는 사람의 성격이 혈액형에 영향을 받는다는 생각을 대중화했고 중국 사람들은 어느 해에 태어나느냐가 '어떤 사람인가'에 영향을 준다고 믿었다. 그 후 거의 대부분의 사회와 문화권에서 인간의 성향을 분류하는 방법론을 저마다 구축해왔다. 나아가 인간 행동 과학 분야에서 이룩한 발전과 성취 덕택에 과학적인 진단을 통해 사람들의 행동을 예측하는 일이 실제로 가능해졌다.

　　영업 사원을 채용할 때도 지원자가 어떤 사람인지를 정확하게 이해하고 최선의 결정을 내리는 데 도움이 되도록 과학적인 진단 방법을 도입하는 것이 매우 중요하다. 이 책에서는 과학적인 진단 방법을 채용 과정의 맨 마지막에서 다루고 있지만 실제로는 전화 인터뷰 전, 첫 번째 인터뷰 전후 또는 과제 수행 인터뷰와 함께 실시하는 것이 바람직하다. 인터뷰 과정에서 진단 도구는 빨리 활용할수록 좋다. 진단 결과상 적합하지 않다고 나올 후보자들을 대상으로 시간을 허비하는 상황을 막을 수 있기 때문이다. 기업들이 진단 검사를 채용 과정에서 맨 마지막에 실시하는 것은 비용 문제 때문이다. 상세한 진단을 위해서 1인당 최소 수십만 원의 비용이 들기도 한다.

그렇다면 진단 검사를 통해 무엇을 기대할 수 있는가? 지난 5년여간 두뇌와 인간 행동 과학 연구 분야에는 비약적인 발전이 있었다. 그러므로 과학적인 진단이나 검사를 거치지 않고 사람을 채용하는 행위는 무책임하다. 마치 21세기에 이메일 계정이나 스마트폰 없이 영업 사원에게 일을 하라고 하는 것이나 마찬가지다. 물론 이메일과 휴대전화 없이도 영업은 할 수 있겠지만 처음부터 약점을 안고 활동하는 것이나 마찬가지이기 때문이다. 좋은 진단 도구를 활용하면 후보자가 우리 회사의 영업 환경에 맞는지, 새로운 것을 배워나가는 방식은 어떤지, 그리고 그를 어떻게 관리하고 동기부여 하는 것이 최선일지 등을 알 수 있다. 그 밖에도 다른 많은 중요한 참고 데이터들도 제공한다. 여러 진단 방법 중에 나는 개인적으로 PXT Select와 Everything DISC를 활용한다. www.jonathanwhistman.com에 등록하여 관련 자료를 찾아보기 바란다.

시장에는 매우 많은 진단 도구가 있으므로 각각의 툴이 제공하는 핵심 내용을 이해하는 것이 중요하다. 나는 이 도구들을 이용해 특정 지원자가 어떤 방식으로 본인의 능력을 발휘할지를 예측한다. 그럼 내가 활용하는 두 가지의 도구에 어떤 위력이 있고 또 그것들을 어떻게 활용하는 것이 좋을지 얘기해보자.

PXT Select는 어떤 사람이 생각하고 의사소통하는 방식을 이해할 수 있게 해준다. 사람의 구술 능력, 언어 추리력, 숫자 관련 능력, 숫자에 기반한 추리 능력 등을 측정하며 테스트 대상자가 어떻게 학습하고 의사소통하는지를 알려준다. 비교 대상은 일반적인 사람들이다.

4리터의 물을 담을 수 있는 각각 다른 두 개의 그릇으로 비유를 들겠다. 하나는 입구가 작은 꽃병이고 다른 하나는 양동이다. 둘 다 같은 양의 물을 담을 수 있지만 물을 부어 넣을 때는 각기 다른 양과 속도로 물을 부어야 한다. 새 영업 사원이 뭐든 매우 빨리 배우는 4리터짜리 양동이라고 생각해보자. 반면 당신 회사의 영업 환경은 느리고 회사는 영업 사원을 현장에 투입하기 전 천천히 그리고 여러 단계를 밟아 교육한다.

어떤 일이 생기겠는가? 중요한 것은 그가 일할 환경과 그 사람이 어떤 사람인지를 미리 이해하는 것이다. PXT Select는 이 밖에도 추진력, 적극성, 사회성, 규범 준수, 세계관, 과단성, 융통성, 독립성, 판단력을 보는 데 유용하다. 후보자의 이런 면들을 이해하는 것은 매우 중요하다. 과학적인 진단 방법 없이 인터뷰에 의존해 이런 면들을 판단하는 것은 쉽지 않은 일이다. PXT Select 진단 전문가들은 당신 회사의 영업 환경, 해당 산업, 판매할 제품 등을 고려하여 해당 포지션에서 필요한 역량이 어떤 것들인지를 파악할 수 있도록 도움을 준다.

두 번째 진단 방법은 Everything DISC이다. DISC는 어떤 사람이 어떤 업무에 적합한지 아닌지를 결정하는 데 도움을 주기보다는 그가 기존의 팀에 잘 맞을지, 채용한 후에 그를 어떻게 교육하고 코칭하고 관리하는 것이 가장 좋을지를 판단하는 데 도움이 된다.

모든 세일즈 보스는 DISC의 전문가가 되어야 한다. DISC의 과학적 모델은 팀을 운영하는 데 쏟는 에너지와 노력을 최적화할 수 있도록 해준다. DISC의 결과는 내가 주변 사람들에게 미치는 영향을 더 잘 이해할 수 있게 해주고 실적 달성을 위해 주변의 다양한 사람들과 어떻게 협업해야 할지를 알려준다. Everything DISC 테스트 전문가들이 많이 있고 www.jonathanshistman.com에도 자료가 있다.

DISC라는 용어는 이 기법으로 측정하는 행동 유형의 첫 글자를 딴 것이다. 주도형(Dominance), 사교형(Influence), 안정형(Steadiness), 신중형(Conscientiousness)이 그것들이다. D가 높은 유형의 사람들은 S가 높은 사람들보다 더 직선적이고 결과 지향적이며 완고하고 의지가 강하며 단호하다. S가 높은 사람들은 침착하며 배려와 인내심이 있고 겸손하며 재치 있다. I가 높은 사람들은 외향적이고 열정적이며 낙천적이고 활동적이다. C가 높은 사람들은 그 반대로 분석적이며 과묵하고 정확하며 개인적이며 체계적이다. 이 테스트를 통해 채용하는 사람이 어떤 환경을 선호할지 이해하고 그에 맞는 환경을 제공한다면 그의 성공 확률이 높아질 것이다.

좋은 팀은 다양한 행동 유형의 사람들로 꾸려져 균형 잡히고 넓은 고객군에 호소력이 있는 조직이다. 예를 들어 회사에서 아주 세부적인 사실과 숫자, 스프레드시트 등을 엄격하게 들여다볼 역량이 필요하다면 C 성향이 높은 사람을 채용하는 것이 좋다. 매일 전시회에 나가 여러 사람들을 만나는 사람이 필요하다면 I 성향의 사람을 선택하는 것이 좋다. 단, 이것은 스타일일 뿐이지 그 사람이 실제로 성과를 잘 낼 수 있을지 아닐지를 알려주는 지표는 아니다.

일단 영업을 잘할 수 있는 사람인지 확실히 판단한 다음에 회사의 영업 환경에 가장 맞는 지원자를 선택하는 것이 순서다. 채용 후에는 그와 스타일이 맞는 잠재 고객들을 맡게 하고 그런 성향의 고객들에게는 어떤 대응 방식이 적절한지를 알려주어야 한다. 이 도구들은 채용 과정에 도움이 될 뿐만 아니라 직원들을 어떻게 코칭하고, 멘토링하고, 교육할지를 결정하는 데도 좋은 참고 자료가 될 것이다.

채용 시에는 반드시 이러한 과학적인 진단 도구를 활용해야 한다. 그러나 동시에 이 도구들은 전체 그림의 한 부분에 불과하다는 점도 명심하자. 채용 과정에서 최선의 결과를 내려면 다른 모든 과정을 제대로 엄격하게 진행해야 한다. 지금까지 위에서 제시한 채용 과정만 신중하게 수행한다면 스타급 영업 사원을 채용할 수 있을 것이다. 그러나 스타급 영업 사원도 잘못된 환경에서는 실패할 수 있음을 명심하고 업무 적응 절차를 공들여 잘 만들어 조직에 성공적으로 안착시키는 것이 중요하다.

09

신규 영업 인력을 조직에 성공적으로 안착시키는 방법

일단 채용 결정이 나더라도 새로 들어온 영업 사원이 일을 시작하는 환경에 따라 향후 영업 활동이 크게 좌우된다. 일단 앞에서 설명한 채용 과정을 따르기만 한다면 신규 입사자들은 스스로 상당히 수준 높은 영업 조직에 합류한다고 생각할 것이다. 입사 첫날부터 지금까지 주었던 좋은 인상을 망치지 말자.

인사 업무상 필요한 서류들은 입사 전에 미리 이메일로 전달했거나 그렇지 않다면 추후에 처리할 수 있어야 한다. 신규 입사자의 첫날을 인사 부서 방문으로 시작하지 않도록 하라. 만일 그것이 회사의 정책이라면 무슨 수를 써서라도 그 정책을 바꿔야 한다. 도저히 바꿀 수 없는 정책이라면 신규 입사자와 함께 인사 부서를 방문해 일 처리를 빨리 하도록 돕는다.

신규 입사자가 첫날부터 '아, 내가 회사를 잘 선택했구나'라는 생각이 들도록 해야 한다. 실적에 대한 기대치도 확실히 각인시켜야 하는데, 그러려면 입사 첫날과 처음 몇 주에 대한 계획을 잘 세워야 한다. 회사의 여건에 따라 영업 사원이 일하는 환경은 달라질 수 있다. 여기서 제시하는 지침을 사무실, 집, 현장, 전화 등 회사의 영업 환경에 맞게 적용하기 바란다.

첫째로 모든 것을 미리 준비해야 한다. 입사 첫날 출근했는데 로비에서 한참을 기다려야 한다거나 컴퓨터 지급까지 며칠을 기다려야 한다면, 혹은 명함도 준비되어 있지 않다면 어떤 생각이 들겠는가? 일 처리가 엉성하고 사려 깊지 못한 리더들이 있는 조직에서 생각보다 자주 생기는 일이다. 상황을 이렇게 만들지 않으려면 관리자가 꼼꼼히 챙겨야 한다.

내 고객사 중에 신규 영업 인력의 조기 퇴사율, 즉 입사 후 얼마 지나지 않아 퇴사하는 비율이 아주 높은 회사가 있었다. 그 회사에서 이 문제를 어떻게 개선해야 할지 도움을 요청하였다. 나는 영업 사원이 입사한 후 며칠간 어떤 일이 생기는지 들여다보았다. 그 회사가 상대하는 시장은 미국 전역이었고 영업 사원들은 자기 집에서 일을 하였다. 각자가 맡은 지역 내에서 자동차로 출장을 다니며 일을 하는 형태였고 새로운 영업 사원이 입사를 하면 비행기를 타고 본사로 가서 오리엔테이션을 받았다. 다음은 그 회사가 영업 사원을 채용한 후 그들을 교육하고 조직에 안착시키는 과정을 추적하며 내가 발견한 것들이다.

오리엔테이션에 참석하기 위해 공항에 도착한 영업 사원은 택시를 타고 회사에서 예약해준 호텔로 간다. 호텔은 모텔급이다. 오전 8시까지 회사에 도착해 인사 부서로 가라는 지시가 있었다. 함께 교육받을 다른 신규 입사자들도 모두 인사부에 모일 거라고 한다. 7시 45분 회사에 도착하자 로비에는 아무도 없었고 그는 한참을 로비에서 기다린다. 로비는 발간된 지 몇 달이 지난 잡지들로 지저분하다. 8시가 되자 인사부 직원이 드디어 나타난다. 자신을 서둘러 소개하고는 준비를 하는 데 몇 분이 더 걸리니 기다리라고 한다. 이때 다섯 명 정도 다른 입사자들도 같이 로비에 모여 대기하고 있다. 8시 15분이 되어서야 조금 전의 인사부 직원이 다시 나타나 사람들을 회의실로 데리고 간다. 회의실로 가는 길에 인사부 직원은 일이 너무 정신없다고 불평하면서 시작이 늦어진 데 대해 별일 아니라는 듯 사과한다. 그리고 오늘 첫 번째 순서로 오리엔테이션을 진행하기로 한 사람이 일정을 잊어버리는 바람에 대체 인력으로 강의를 진행할 수 있을지 확인하는 중이라며 변명한다.

다른 상세한 상황은 상상에 맡기겠다. 상황은 더욱 나빠진다. 이틀 내내 지루한 인사 문서 작성과 성희롱 예방 교육 등을 실시한다. 어떻게 진행하는지는 전혀 관심 없이 진행 여부만 체크하면서 순서를 이어나간다. 일주일 내내 단체 식사 한 번 하지 않는다. 교육장 안에서 주는 차가운 도시락이 전부다. 과연 막 입사한 영업 사원은 자신의 선택에 대해 어떤 생각이 들었을까?

컴퓨터와 영업 자료를 전달받은 것은 교육이 끝나고 집으로 돌아온 지 일주일이 지나서다. 명함을 받는 데는 다시 한 달의 시간이 걸린다. 인사부에서는 전임자의 명함에 줄을 긋고 그 위에 자신의 이름과 연락처를 적어서 임시로 쓰라고 한다. 높은 이직율은 전혀 놀라운 일이 아니었다.

우리는 입사 과정 전체를 새롭게 만들었다. 우리가 정립한 새로운 과정은 다음과 같다.

신입사원 오리엔테이션 참석차 본사로 출장을 떠나기 전 새로 입사한 영업 사원의 매니저는 그에게 전화를 걸어 환영의 뜻을 전한다. 다음 주에 진행할 오리엔테이션에 대해서도 안내한다. 그리고 전화 통화 중에 매니저가 꼭 알아내야 할 개인적인 정보들이 있다. 결혼은 했는지, 아이들은 있는지, 취미는 무엇인지 등 인터뷰 과정에서 물어보기 힘든 아주 개인적인 정보들이다. 이것들은 나중에 아주 유용하게 쓰인다.

신입 영업 사원에게 웰컴 패키지가 택배로 배달된다. 꾸러미에는 회사 이름을 새긴 문구류, CEO가 손으로 쓴 환영 인사, 신입사원 교육차 본사로 출장을 떠나기 전 집 근처에서 가족들과 식사를 할 수 있는 외식 상품권이 들어 있다. 이미 많이 다르지 않은가? 이것만으로도 환영의 정도는 확실히 다르다.

공항에 도착하면 그의 이름이 적힌 카드를 들고 기다리던 운전기사가 짐 옮기는 것을 도와주고는 편리한 위치의 꽤 좋은 호텔로 데려다준다. 그리고 다음 날 아침 몇 시까지 돌아와 본사 건물로 모셔다주겠다는 약속을 한다.

호텔 방에 들어서자 꾸러미를 하나 더 발견한다. 회사의 이메일 시스템에 어떻게 접속해야 하는지에 대한 상세한 안내와 함께 아이패드가 들어 있다. 이메일에 접속하자 영업팀의 동료 직원들과 유관 부서장들이 보낸 환영 메시지들이 도착해 있다. 아이패드에서는 회사의 역사와 회사가 중요하게 생각하는 몇 가지 원칙과 가치들을 설명하는 환영 비디오가 상영된다. 꾸러미에는 명함, 고급스러운 잉크펜, 메모 노트, 초콜릿 등도 들어 있다.

첫날 교육장에 도착하자 노트북이 지급된다. 첫날 교육은 생산 공정을 둘러보는 투어와 주요 임직원들과의 만남으로 시작한다. 앞으로 판매할 제품을 실제로 설치해 사용하고 있는 고객사 방문도 첫날 일정에 포함되어 있다.

이들이 첫째 날을 바쁘게 보내는 동안 또 하나의 꾸러미가 집으로 배달된다. 꾸러미에는 "당신의 배우자를 저희에게 빌려주셔서 감사합니다"라고 쓴 카드와 함께 영화표나 놀이공원 입장권, 가족들이 관심 있어 할 만한 물건이 가득 들어 있다. 첫째 날 교육 일정을 마치고 저녁에 집으로 전화를 걸었을 때 직원의 태도와 에너지를 상상해보라. "잘해야 해! 너무 좋은 회사를 찾은 것 같아!"라는 가족들의 반응도 상상이 될 것이다.

이는 시작일 뿐이다. 이어지는 교육 모두가 아주 매끄럽고 효과적으로 진행된다. 이런 변화의 결과로 영업팀의 이직률은 10퍼센트 아래로 바로 떨어졌다.

일할 환경을 잘 만들어주는 것 말고도 판매할 제품과 회사 내부의 프로세스에 대해 잘 교육하는 것도 매우 중요하다. 대개 회사의 특성, 판매하는 제품의 복잡도 등에 따라 필요한 교육의 양이 결정되겠지만 교육과 함께 실제 판매 실습을 병행하도록 하는 것이 좋다.

습관이란 매우 강력하다. 식사량을 조절하고 운동하는 습관을 잘 들였다가도 바쁜 일정과 그 후 이어진 긴 휴가로 습관이 깨지는 것을 경험해본 적이 있을 것이다. 건강한 운동 습관으로 다시 돌아오는 것이 얼마나 힘든가? 영업 사원이 영업 기술을 최고 수준으로 유지하는 것도 마찬가지다. 몸을 잘 만든 사람을 채용하되 긴 교육 기간 동안 그가 자신의 습관을 잃어버리지 않도록 해야 한다.

교육에 참석하는 신규 영업 사원이 교육 기간 동안 실시할 수 있는 영업 활동들은 다음과 같다.

1. 그들이 기존에 보유한 고객들에게 전화를 걸어 방문 일정을 잡도록 한다. 이 활동은 교육 기간 중에도 고객 발굴 활동을 계속할 수 있는 이점이 있다. 기존에 고객들과 좋은 관계를 유지한 사람이라면 이 정도 부탁을 하는 것은 쉬운 일일 것이다. 그리고 실제로 고객을 방문할 때는 반드시 팀원들 중에 가장 실력이 좋은 동료 영업 사원이 동행하도록 해야 한다. 실력 없는 사람이 동행하여 새 영업 사원이 고객 앞에서 당황하는 일이 없도록 해야 한다. 그런 일이 생기면 팀에 대한 그의 신뢰는 무너져버릴 것이다. 경외감이 들 정도로 실력 있는 사람을 동행시켜야 한다.

2. 제품에 대한 교육을 실시한 다음에는 그들이 고객한테 전화하거나 방문하는 상황을 실습해보도록 하라. 동료들과 팀을 짜 역할극을 해보는 것이 좋다. 이때 상대가 되어주는 기존 팀원은 구매 가능성이 있는 가망 고객 역할을 한다.

3. 한편 기존 팀원들이 고객을 방문할 때도 신입 영업 사원을 동행시

키고, 방문 후에는 그가 고객관계관리 시스템에 데이터를 입력해보도록 하라. 교육장에서 얻는 지식이 아니라 실제 발생하는 시나리오를 통해 시스템을 익힐 수 있는 계기가 될 것이다. 이렇게 하면 실제로 현장에 투입되었을 때 시스템 활용률이 높아진다.

4. 신입 직원이 맡을 지역이나 영역을 분석하고 계획을 세우도록 하라. 어떻게 기존 고객과 맺은 관계를 발전시키고 신규 고객을 발굴할 것인가? 어느 지역부터 방문할 것인가? 영업 활동의 우선순위는 어떻게 정할 것인가? 이 과정을 통해 그가 어떻게 사고하는지 확인할 수 있고 그에게는 영업 활동을 본격적으로 준비하는 계기가 될 것이다.

5. 신입 직원이 정기 영업 미팅에 참석하여 발표하는 기회를 만들라. 전화로 잠재 고객 발굴하기, 고객의 반대에 부딪쳤을 때 대처하는 방법, 효과적으로 질문하기 등 중요한 영업 기술들 중에서 주제를 정해 발표하도록 하라. 팀과 친숙해지고 팀원들에게 의견을 들을 수 있는 좋은 기회가 될 것이다. 그리고 그들이 주제에 대해 어떻게 생각하는지, 청중의 관심을 끌며 발표를 잘하는지도 알 수 있다. 또 영업 사원으로서 갖추어야 할 역량들에 대해서도 확인할 수 있다.

교육 과정 중에 신입 직원이 실제 영업 활동을 해보는 방법은 이 밖에노 많다. 어떤 것들이 있을지 그리고 실제보 어떻게 적용하는 게 좋을지 깊이 생각해보자. 실제 영업 현장에 투입되었을 때 잘해내야 할 것들 위주로 실습을 많이 해보는 것이 좋다. 실습이 더 기억에 남고 재미있도록, 그리고 판매 본능을 자극할 수 있도록 모든 상상력을 발휘하여 활동을 구성해보자. 정신적인 나태를 허용하지 않는다는 점을 각인시키는 것도 중요하다. 경쟁 현황 정보를 비롯해 관련 지식을 지속적으로 습득하고 배워나가는 것이 기대치라는 점을 명확히 해야 한다. 영업 경력이 20년 넘은 사람이라도 매일매일 성장할 것을 주문해야 한다.

내 고객 중에 패키징 자동화 설비를 판매하는 기업이 있다. 이 설비는 대규모 제조 공정에 들어가는 복잡한 기계들이다. 설사 해당 산업에 대한 지식이 있다 해도 신규 영업 사원이 새롭게 배워야 할 내용은 매우 방대하다. 영업 사원들에 대한 학습 기대치가 높으므로 회사는 그들이 관련 지식을 잘 유지하고 습득하는지 지속적으로 확인한다. 설비들 중에 열성형 기계(Thermoforming machine)를 예로 들어보자. 첫 단계의 학습 기대치는 다음에 나열하는 정도가 될 것이다.

- 열성형 기계란 무엇인가?
- 그것은 어떻게 작동하는가?
- 우리 고객들은 왜 그것을 사용하는가?
- 고객들이 가진 문제들 중에서 우리 회사만이 고유하게 해결할 수 있는 것은 무엇인가?
- 가격은 얼마인가?
- 주문 후 납품까지 얼마나 걸리는가?
- 이 장비를 구매할 만한 이상적인 고객은 누구인가?
- 열성형 방식 이전에 사용한 방법은 어떤 것이었나?

처음 30일 정도 교육을 받고 테스트를 통과하는 데는 크게 어렵지 않은 내용일 것이다. 그러나 이는 한 제품에 불과하다. 앞으로 판매할 모든 부품에 대해 비슷한 유형의 학습과 테스트가 필요하다.

입사 후 첫 분기가 끝날 때쯤이면 상황이 어떠할까? 영업 사원에 대한 기대치는 이미 다음 정도로 높아져 있을 것이다.

- 열성형 장비 분야의 주요 경쟁자는 누구인가?
- 잠재 고객과 투자 회수율(ROI) 관련 협의는 어떻게 해야 하는가?
- 일반적인 투자액 회수 기간은 얼마인가?
- 같은 공정을 처리할 수 있는 대안 패키징 방식은 어떤 것들이 있는가?
- 우리 회사의 장비는 경쟁 제품들과 어떻게 그리고 왜 차별화되는가?

두 분기쯤 후에는,

- 같은 지역에서 영업하는 경쟁사 영업 사원의 이름은?
- 그들의 주요 고객사는?
- 생산 라인에서 우리 열성형 장비의 전후 공정에 들어가는 장비는 어떤 것인가?
- 어떤 회사들이 그 장비들을 판매하는가?

4분기쯤 지나고 나면 목록을 또 추가해야 한다. 영업 직원들이 나태해지도록 내버려두지 말아야 한다. 판매를 위해 채용한 것은 맞지만 판매를 잘하려면 지속적인 학습과 지식 축적이 필요한 점을 분명히 하고 테스트를 통해 이를 지속적으로 검증해야 한다. 전문 세일즈맨에게 학습은 일상과도 같다.

그럼 어떻게 그들의 지식을 테스트할 것인가? 서술 테스트, 수시 면담, 동료 평가, 기타 다른 여러 가지 방법을 쓸 수 있을 것이다. 중요한 것은 테스트가 형식을 갖추어야 하고 테스트의 시기와 방법도 공식화해야 한다는 점이다. A급 팀은 무엇이든 계획에 기반을 두어 실행한다.

세일즈 조직을 맡아보면 제대로 된 교재를 갖추지 못한 조직도 많다. 완벽한 것을 만들겠다는 생각에 시간을 오래 끌기보다는 일단 만드는 것이 좋다. 한 번 만든 교재는 시간이 지나면서 언제든 개선할 수 있으므로 최대한 빨리 시작하는 것이 중요하다.

사내의 제품 전문가에게 판매하는 제품의 특성을 설명해달라고 요청하라. 제품을 아주 지적으로 설명하기 위해 필요한 스무 가지를 정리해달라고 하고 이를 전부 녹화하라. 경험 많은 영업 사원들에게도 신입 직원이 반드시 알아야 할 것들을 얘기해달라 요청하고 그 내용을 녹화하라. '이 제품이 어떻게 작동하는가'도 중요하지만 영업 사원들에게는 '왜'가 그에 못지않게 중요하다. 고객의 어떤 문제들을 어떻게 해결해주는가? 오래된 판매 원칙 'FAB(feature-advantage-benefit), 즉 제품의 기능-장점-고객에게 주는 혜택'을 기억하라.

"이 제품 X는 이러한 기능을 가지고 있고, 이 기능의 장점은 XYZ를 줄여주는 점이며, 이는 고객에게 ABC의 혜택을 드립니다."

일단 이런 비디오를 완성하면 각각의 자료에 이름을 붙이고 교육 목표에 따라 분류한다. 교재 중에는 영업 사원들이 모범으로 삼을 수 있는 고객 미팅 사례와 전화 통화 사례도 있어야 한다. 고객 미팅이나 전화 통화는 가감 없이 실제 진행 과정을 보여주어야 한다. 영업 과정이 복잡하여 딜을 성사하는 데 여러 단계의 통화와 미팅이 필요하다면 각 단계의 통화와 미팅을 모두 비디오 형태로 만들어야 한다. 가장 실력 있는 영업 사원과 역할극을 하면서 녹화를 하면 된다.

편집 인력이 사내에 없다면 좀 더 설득력 있는 교재를 만들기 위해 외주를 주는 것도 고려해보자. 나는 업워크닷컴(Upwork.com)이라는 사이트를 아주 만족스럽게 활용한다. 비디오와 함께 어떤 작업을 원하는지, 즉 내가 기대하는 주요 학습 내용을 정리해 올리면 자막, 음악 그리고 기타 효과가 들어간 완성된 교재를 만들어 보내준다.

교육용 비디오를 준비하지 못했다면 신입 직원이 스스로 첫 한 달 동안 보고 듣는 것을 모두 녹화하도록 하는 것도 좋다. 누군가 제품에 대해 설명하고 있다면, 녹화하라! 영업 프레젠테이션에 참석하고 있을 때도, 녹화하라! 일단 녹화해두면 나중에 다시 보면서 학습할 수 있다.

이미 완성된 교육 자료가 있다면 그것을 어떻게 배포하여 직원들이 공부하고 시험을 보도록 할지 생각해보자. 직원들의 온라인 교육과 관리를 자동화해주는 학습관리 시스템(LMS, Learning Management Systems)들이 있다. 교육 과정에 접속할 수 있는 링크를 이메일에 담아 직원들에게 보내주면 된다. 지속적인 학습을 독려하기 위해 60일, 90일, 120일 등으로 단계를 나누어 학습할 목표를 보내주는 것도 좋다. 직원들이 잊지 않고 시험을 볼 수 있도록 일정 관리 프로그램에 알람을 설정해두는 것도 좋다. 이 또한 자동화가 가능하다. 고객관계관리 시스템들은 주기적으로 진행해야 할 일들을 자동으로 설정하는 기능을 제공한다.

나는 영업 사원들이 동료와 함께 여러 시나리오에 대해 역할극을 하는 테스트 방법을 좋아한다. 이렇게 하면 지식을 얼마나 습득했는지 확인할 수 있을 뿐만 아니라 좋은 판매 습관을 형성하는 데도 도움이 된다. 결국 교육의 목표는 지식 전달이 아니라 현장에서 효과적으로 영업하도록 돕는 것이 되어야 한다.

역할극을 할 때는 녹화하는 것이 좋다. 그리고 그것을 본인이 다시 확인할 수 있도록 해야 한다. 일상적인 영업 활동 중에 우리 스스로를 돌아볼 기회는 거의 없다. 주기적으로 자신의 모습을 객관적으로 볼 수 있는 기회를 줄 때 사람들은 크게 발전한다. 이 책의 앞부분에서 어떤 일에 대해서든 우리가 좋거나 나쁘다고 판단하는 것은 상대적이라고 한 것을 기억하는가? 성과 평가를 할 때 자기 스스로 변화를 비교해볼 수 있다면 팀원들에게는 소중한 발전의 기회가 될 것이다.

뛰어난 영업 사원들은 어느 정도 경쟁적인 본성이 있고 그런 환경에서 오히려 더 잘한다. 그리고 그들은 자기 자신과도 경쟁한다. 영업 사원들이 정신적으로 나태해지지 않도록 체계적인 교육과정을 만들면 실적은 당연히 개선될 것이다. "사용하지 않으면 퇴화한다"는 오래된 진리는 여전히 유효하다. 팀원들이 중요한 주제들에 대해서는 반복해서 학습할 수 있도록 하는 자동화된 루틴을 만들라.

지나치게 세세한 부분까지 관리받기를 원하는 사람은 드물다. 자동화된 강력한 시스템을 갖추면 이렇게 중요한 일들을 매니저의 개입 없이 자동 주행 모드로 운영할 수 있다. 누군가 코스를 아예 벗어나거나 조정이나 조언이 필요한 경우 말고는 당신이 개입할 필요가 없다.

지속적인 교육이 조직의 리듬으로 자리 잡으면 사람들은 교육을 당연한 것으로 받아들이고 당연히 참석할 것이다. 팀원들은 교육을 경쟁을 물리치고 최고의 실적을 내는 데 꼭 필요한 도구로 바라보게 될 것이다. 팀을 자유방임 상태로 내버려두었다가 맘에 들지 않는 팀원이 있을 때 갑자기 개입하여 세세한 것까지 파헤치는 매니저와 비교해보라. 매니저가 일관성 없이 점검하고 개입할 때 영업 사원들은 '지나치다', '특별 관리한다'는 느낌을 받기도 하고 방어적으로 변하기도 한다.

각각의 영업 사원들을 어떻게 성장시킬지 그 기대치를 정하고 당사자와 소통해야 한다. 프로스포츠 선수들도 경기력을 높이기 위해 늘 실전처럼 연습한다. 영업 사원들도 마찬가지다. 매니저로서 그들이 늘 한단계 더 나아지도록 독려하고 교육에 적극적이도록 해야 한다. 무엇이든 게임화할 때, 즉 게임적인 요소가 있으면 시간과 노력이라는 두 가지 측면에서 사람들의 참여도가 훨씬 높아진다는 많은 연구 결과가 있다. 배지나 상, 행운권 추첨 등 그들의 관심을 끌고 참여율을 높이는 여러 가지 방법들도 고려해보기 바란다.

교육 프로그램을 매우 창의적으로 운영하는 CEO가 있었다. 그는 진짜 여권과 똑같이 생긴 모의 여권을 제작해 직원들에게 지급했다. 그들이 회사에서 요구하는 어떤 목표를 달성하거나 과제를 수행하거나 특정 수준의 교육 목표에 도달하면 '비자' 도장을 찍어주었다. 도장 개수에 따라 특별한 상도 주었다.

이처럼 교육에 대한 틀에 박힌 생각을 던져버리고 누구나 참여하고 싶고, 즐겁게 스스로 동기부여를 하는 그런 교육 방법을 찾아보자.

The
SALES
BOSS

PART 4
실적 관리의
비밀

10

영업의 각 단계에서
중점적으로 관리할
수치들

당신 회사의 영업 사원들은 어떻게 성공하는가? 당신 회사의 제품이나 서비스에 관심이 있을 만한 고객은 누가, 어떻게 찾아내는가? 그들은 어떤 단계를 거쳐 고객의 '관심'을 '판매'로 이끌어가는가? 보통의 세일즈 매니저들은 이렇게 답한다.

　"그때그때 달라요. 모든 경우가 조금씩 다르거든요."

　좀 더 깊이 있게 질문해보면 결국 '저는 팀원들에게 시스템이나 체계 같은 건 가르치지 않아요'라는 뜻이다. 세일즈 리더가 이렇게 답하는 경우 그 팀의 실적은 분명히 저조하다.

　당신은 매니저로서 회사의 세일즈 프로세스를 분명히 정의할 수 있어야 한다. 관심 있는 고객을 발굴하여 판매하기에 이르기까지 어떤 단계들로 영업을 진행하는지, 각 단계별로 관리해야 할 숫자는 무엇인지 정확히 이해해야 한다. 어떤 영업 활동이 효과가 있는지 알고 있어야 하며, 왜 그런지에 대해서도 확실한 의견을 갖고 있어야 한다. 당연히 영업 사원별로 개인차가 있겠지만 시스템이나 체계를 먼저 가르쳐야 한다. 매 건마다 경우가 조금씩 다르고 영업 사원들도 자기만의 재능과 개성, 특별한 비법 같은 것을 가지고 있지만 세일즈 매니저는 개인마다 다른 제반 특성들을 자세히 살펴보고 팀원들이 공통적으로 따라야 하는 지침을 제공해야 한다. 기준을 세워주고 어느 정도의 편차가 허용되는지 알려주어 팀원들이 자신만의 재능과 개성 그리고 비법을 가미할 수 있도록 해야 하는 것이다.

나는 세일즈 프로세스는 TV의 시리즈물과 비슷하다고 생각한다. 성공하는 TV 시리즈물은 주제와 스타일은 각양각색이지만 공통적인 DNA가 있다. 그들이 지닌 공통 요소들은 다음과 같다.

- 주제와 전체적으로 흐르는 구성 체계가 있다.
- 매회 에피소드는 시리즈물의 기본 구성 체계를 따라야 하고, 마지막에 시청자들은 다음번 방영할 에피소드를 기대하게 된다.
- 각 에피소드는 지금까지 방영한 내용을 요약하는 것으로 시작한다.
- 늘 예상대로 행동하는 인물들과 늘 예측 불가능한 행동을 하는 인물들이 있다.
- 보거나 듣기만 해도 시리즈물이 저절로 좋아지는 시그널 뮤직과 영상이 있다. 시작 음악만 들어도 감정이 몰려오기도 한다. 〈스타워즈〉나 〈미션 임파서블〉, 〈스파이 서바이버〉 등을 생각해보라.

세일즈 프로세스를 TV 시리즈물에 비유하는 것은 그것이 팀을 가르치고 멘토링하는 데 명확하고도 효과적인 방법이기 때문이다. 내가 함께 일해온 많은 기업들에서 세일즈 매니저들에게 세일즈 프로세스가 있느냐고 물으면 당연히 있다고 한다. 하지만 막상 팀원들에게 각 영업 단계를 써보라고 하면 일관성 있는 답이 나오지 않는다. 심지어 어떤 회사에서는 3단계라고 하는 영업 사원부터 13단계라고 하는 사람까지 있었다. 예를 들어보자.

1. 잠재 고객 발굴하기
2. 초기 접촉
3. 방문을 통해 구매 가능성 타진 (수요, 시기, 예산 등을 확인)
4. 고객사의 생산 공장 방문
5. 샘플 제작
6. 계약 합의
7. 세부 사항 협상
8. 계약서 서명

이는 일반적인 영업 프로세스다. 이런 일련의 '에피소드'들로 성공해왔으므로 계속해서 이 에피소드의 흐름에 따라 영입을 진행한다. 어떤 영업 사원은 여러 개의 '에피소드'들을 합치기도 하고 어떤 '에피소드'는 없애기도 하여 다음과 같이 간단한 과정으로 영업을 진행하기도 한다.

1. 잠재 고객 발굴하기

2. 전화를 통해 구매 가능성 타진

3. 고객 방문 및 공장(또는 사무실) 방문

4. 합의 도출 및 세부 사항 협상

5. 계약서 서명

두 프로세스의 차이가 대수롭지 않아 보이겠지만 사실은 매우 중요하다. 때로 전혀 생각지도 못했던 문제가 발생하는 불필요한 단계가 있어 이는 영업 프로세스를 지연하고 그 이상의 심각한 상황을 만들기도 한다. 대부분의 프로세스를 이메일로 진행하는 영업 사원들도 있고 어떤 이들은 전화로, 어떤 이들은 직접 방문하기도 한다. 가격을 초기 영업 단계에 얘기하는 사람도 있고, 어떤 사람들은 마무리 단계에 이르기까지 가격에 대한 논의를 하지 않기도 한다. 어떤 시리즈의 '에피소드'가 효과적이라고 단정할 수는 없다. 다만 각 회사마다 적합한 시리즈가 반드시 있을 것이다. 경험을 분석해 모범 사례를 찾아내고 그것을 정의해 내는 것이 세일즈 보스의 일이다. 시간을 내어 모든 팀원들에게 각자의 영업 단계를 적어 내라 하고 그것들을 비교 분석해보라.

일단 회사에 적합한 프로세스를 정의하고 나면 각각의 에피소드, 즉 각 영업 단계를 정의해야 한다. 영업 단계를 어떻게 정의해야 할지 궁금하다면 넷플릭스(Netflix)에서 시청자에게 보여주는 에피소드 소개 글귀를 살펴보라. 에피소드 소개문은 해당 에피소드에서 어떤 일이 일어날지를 정의해준다. '이전 에피소드와는 어떻게 연결되는가? 또 그것이 이야기 전개에는 어떤 영향을 주는가? 어떻게 해당 에피소드를 마무리하여 고객들이 다음 에피소드에 관심을 갖도록 할 것인가? 어떤 영상과 톤으로 판매 확률을 높일 것인가?' 등등.

창의력을 발휘한 스토리텔링이 효과적이다.

"고객이 우리 회사를 방문해 공장 내 설비를 둘러본다. 공장에 들어선 고객은 우리가 세부적인 것들에 얼마나 신경을 쓰는지를 보고 감탄한다. 커피를 마시면서 그들의 눈에 …… 것이 보인다. 시험 시연을 보고 그들은 …… 한다. 결국 고객은 우리의 공장 운영 방식이 얼마나 훌륭한지를 이해하고 그것이 본인들의 현재 ……에 어떤 영향을 줄 수 있을지를 머릿속에 떠올리며 자리를 뜬다."

극적인 것이 좋다. 사람들은 이야기를 좋아한다. 이야기에서 배움을 얻고 또 기억한다. 각 영업 단계마다 본인이 수행할 과제가 무엇인지 영업 사원들이 정서적으로 이해할 수 있어야 한다. 단계별 영업 프로세스를 진행하며 그들은 잠재 고객들과 어떤 여정을 거치는가? 이야기를 쓰다 보면 잠재 고객을 발굴하고 판매하기까지 전체 여정을 구성하는 각 에피소드들에 과연 어떤 제목을 붙여야 할지 알 수 있을 것이다. 책의 앞부분에서 채용 과정을 설명할 때 각 인터뷰 과정을 '압박 인터뷰', '과제 인터뷰', '로맨스 인터뷰' 등으로 이름 붙였던 것을 기억할 것이다. 각 단계의 이름만으로도 해당 단계의 인터뷰에서 무엇을 달성해야 하는지, 무엇이 핵심인지 이해할 수 있었다. 각 영업 단계도 해당 단계에서 무엇을 이루어내야 하는지, 무엇이 핵심인지를 알 수 있도록 이름 붙여야 한다.

모든 영업 사원, 특히 새로 입사하는 영업 사원은 시리즈 전체, 즉 영업 프로세스의 전 단계를 이해해야 하고 각각의 에피소드가 왜 중요한지도 분명히 이해할 수 있어야 한다. TV는 둘째치고 스포츠 세계에서도 최고의 운동선수들은 시스템이 있다. 공에 어떻게 접근하고 서브할지, 어떻게 볼을 치고 자세는 어떻게 취할지 등을 말한다. 시스템을 정확히 이해해야 경기가 제대로 되지 않을 때 무엇이 잘못된 것인지, 어떻게 바로잡아야 하는지를 알 수 있다. 당신의 영업팀도 마찬가지다. 타자들이 타석에 설 때마다 다른 방식으로 공을 치도록 방치하면 팀의 영업 활동과 실적을 개선할 수 없다.

영업 과정 중에 영업 사원들이 고객들에게 주는 인상이나 느낌을 비롯해 그들과 주고받는 것들 모두가 회사의 이미지를 전달한다. 뛰어난 세일즈 리더는 개별 영업 사원들의 개성과 재능, 영업 방식을 존중하면서도 회사의 일관된 이미지가 그들을 통해 전달되도록 한다. 한편 별 생각 없이 일관성을 지나치게 추구하다 보면 영업에 도움이 될 직원들의 개성과 장점을 없앨 수도 있다. 일관성을 유지하면서도 개별 영업 사원의 특성을 살리는 것, 그 사이에서 균형을 잡기가 쉬운 일은 아니지만 감성 지능이 높은 리더라면 충분히 잘해낼 수 있는 일이다.

이제 회사의 세일즈 프로세스를 명확하게 정의하고 공표하는 것이 얼마나 중요한지 충분히 이해했을 것이다. 그런데 영업의 각 단계마다 관련 숫자를 이해하는 것도 그에 못지않게 중요하다. 각 단계 간의 전환율, 즉 특정 단계에서 다음 단계로 진행하는 확률은 얼마인가? 다음 단계로 이동하려면 각 단계마다 어떤 활동이, 어느 정도 필요한가? 목표 매출액을 달성하려면 전체 영업 기회는 몇 배수로 유지해야 하는가? 숫자를 명확히 이해하고 기억하는 것은 당신과 팀원들 모두에게 매우 중요하다. 영업 단계마다 관리하는 숫자가 최종적인 매출 결과를 결정하기 때문이다.

어떤 숫자를 어떻게 관리할지 얘기하기 전에 숫자 관리와 관련해 주의할 사항을 짚고 넘어가자.

1. 너무 엄격히 숫자에만 집중하면 영업 사원들은 관리자가 너무 세세한 것까지 간섭한다고 느낀다. 숫자란 전체 이야기의 한 부분을 설명할 뿐이다. 숫자 자체로 판단하지 마라. 숫자는 증상의 하나로, 그리고 어디에 문제가 있는지를 알려주는 지표로만 활용해야 한다.

2. 문서 작업을 좋아하는 영업 사원은 없다. 그러니 그들에게 중복적인 데이터 작업을 시키지 마라. 주기적으로 챙겨야 하는 중요한 지표 데이터는 시스템에서 자동적으로 생성되도록 해야 한다.

3. 관리하는 숫자는 그들에게 실제로 의미가 있고 결과에 영향을 주는 것들이어야 한다. 의미 없는 숫자를 만들어내 영업 사원들에게 그것을 달성하라고 요구하지 말아야 한다. 매니저들이 쓸데없이 만들어내는 행동 지표 같은 것들이 이에 해당한다. 본인들에게 요구되는 숫자가 왜 중요한지 영업 사원들이 분명히 이해해야 한다.

4. 영업 사원들과 대화를 할 때 다짜고짜 숫자로 시작하지 말자. "고객관계관리 시스템에 접속해봤더니 이번 주 잠재 고객 발굴 활동이 저조하더군. 전화 통화 횟수가 얼마 안 되던걸"이라는 식으로 대화를 시작

하지 마라. 훌륭한 리더는 팀원을 인간적으로 다룬다. 숫자는 동기부여를 위한 대화나 실적 관련 대화에서만 언급해야 한다.

영업팀을 관리하는 데 필요한 핵심 수치들 ·····················

앞의 채용 부분에서 언급했듯이 훌륭한 영업 사원들은 자신의 활동이나 성과와 관련한 숫자들을 정확히 이해한다. 세일즈 보스로서 당신도 팀원들의 활동이나 성과와 관련한 숫자들을 알고 있어야 한다. 물론 모든 영업 사원에게 동일하게 적용할 수 있는 숫자는 없다. 중요한 지표로 관리하는 숫자들도 각 영업 사원의 역량이나 기술에 따라 달라지며 개별적인 역량이 숫자에 어떻게 영향을 미치는지를 이해하는 것이 중요하다. 고객관계관리 시스템에서 관리하는 숫자들은 16장(p.237)에서 훨씬 더 상세하게 다룰 것이다.

많은 세일즈 매니저들이 자신의 최종 관심사는 매출 금액일 뿐, 매출 목표 달성 말고는 중요한 것이 없다고들 한다. 그러나 세일즈 보스의 관점은 이와 명백히 다르다. 세일즈 보스는 매출액에 영향을 주는 모든 지표들에 대해 관심을 갖는다. 실적이 좋은 팀원이라 해도 그와 관련한 여러 가지 숫자들을 정확히 알고 있어야 매니저로서 그의 성과에 긍정적인 영향력을 주어 그가 잠재력을 최대한 발휘하도록 도와줄 수 있다. 중요한 것은 균형이다. 사람 관리 기술을 해칠 정도로 데이터만 들여다보지 말되 동시에 사람 관리 기술에 지나치게 의존하여 숫자들을 무시해서도 안 된다. 다음은 당신이 반드시 알아야 할 중요한 숫자들이다. 각각에 대해 전체 평균 수치와 개별 영업 사원들의 수치를 알고 있어야 한다.

- 매출 목표는 얼마인가?
- 영업 기회의 평균적인 규모, 즉 평균 금액은 얼마인가? 과거 데이터를 감안했을 때 총 몇 개의 영업 기회를 성사시켜야 매출 목표를 달성할 수 있는가? (매출 목표가 10억 원이고 평균 금액이 1억 원이라면 총 10개의 영업 기회를 성사시켜야 매출 목표를 달성할 수 있다.)
- 각 단계의 영업 기회가 최종적으로 성사되는 확률은? (예를 들어, 잠재 고객 발굴하기 단계의 영업 기회가 최종 성사될 확률은 10퍼센트, 샘플 제작 단계의 영업 기회가 최종 성사될 확률은 50퍼센트 등.)
- 잠재 고객 발굴부터 최종 수주 단계, 즉 계약서 서명 단계까지 진행하는 도중 각 단계에서 떨어져 나가는 비중은?
- 하나의 잠재 고객을 발굴하는 데는 몇 건의 이메일, 전화 통화, 방문 등의 활동이 필요한가?
- 회사의 마케팅팀에서 전달해주는 관심 고객의 수는? (관심 고객은 주로 마케팅팀이 여러 활동을 통해 만드는 영업 이전 단계의 고객들이다. 각종 캠페인, 전시회 참가, 인터넷 검색, 제품 자료 다운로드 등을 통해 관심을 보인 고객들로 영업팀에 전달되어 일부는 실제 영업 기회로 전환되기도 하고 관심에서 그치기도 한다.)
- 각 영업 단계별로 걸리는 기간은? (콜드콜로 잠재 고객을 발굴하고 나서 방문 약속을 잡기까지 이틀, 방문 약속부터 실제로 방문하여 구매 가능성이 있는지 확인하는

데까지 일주일 등, 각 단계별로 걸리는 기간을 뜻한다.)

- 매출 목표를 달성하려면 매출액의 몇 배수 정도로 전체 영업 기회를 유지해야 하는가? (전체 영업 기회 중에서 50퍼센트가 매출로 이어진다면 매출 목표 대비 2배수의 영업 기회가, 25퍼센트가 매출로 이어진다면 4배수의 영업 기회가 필요하다.)

이러한 숫자들을 제대로 이해하고 챙기는 것은 비즈니스를 제대로 한다는 증거다. 그럼 이들 숫자가 왜 중요한지, 어떻게 알아낼 수 있는지에 대해 얘기해보자.

어떤 영업 사원의 매출 목표 금액이 20억 원이고, 견적 단계까지 진행된 영업 기회의 수주 확률은 30퍼센트다. 이 영업 사원은 본인의 전체 영업 기회 중에서 견적을 완료한 영업 기회를 얼마나 가지고 있어야 할까? 그가 목표 매출액을 달성하거나 초과하려면 대략 70억 원 정도의 견적 완료된 영업 기회를 가지고 있어야 한다.

전체 영업 기회는 금액으로 관리할 수도 있고, 각 영업 기회의 규모가 비슷비슷하다면 개수로도 관리할 수 있다. 위 영업 사원의 경우 평균적인 영업 기회의 규모가 1억 원이라면 스무 건을 수주해야 목표를 달성할 수 있고, 견적을 완료한 영업 기회는 항상 70건을 유지해야 한다. 이 숫자가 바로 당신이 관리해야 할 지표 중 하나다. 13장(p.191)에서 다시 다루겠지만 팀원들과 영업 활동을 리뷰할 때 이 숫자를 다루어야 한다.

그럼 영업 사원의 수주 확률이 50퍼센트가 되면 어떻게 되는가? 각 영업 사원이 유지해야 할 전체 영업 기회의 규모는 각자의 수주 능력에 따라 달라진다. 따라서 전체 영업 기회가 어느 정도 필요한지는 개별 영업 사원에 따라 달리 관리해야 할 지표로 과거 데이터를 분석해 알아낼 수 있다. 영업 사원을 신규로 채용하여 과거 데이터가 없는 경우라면 신규 영업 사원에게 목표 대비 몇 배수의 영업 기회를 유지해야 하는지를 분명히 알려주어야 한다. 그리고 그것이 팀의 과거 실적 데이터에 기반을 두어 계산한 것임도 분명히 알려주어야 한다.

각 단계의 영업 기회를 다음 단계로 진행하면서 떨어져 나가는 비율을 이해하는 것도 매우 중요하다. 다음과 같은 시나리오를 예로 들어 보자.

영업 사원 1 : 수요를 파악하기 전 단계의 고객 20명(곳)에 전화를 걸어 10건의 대면 미팅 일정을 잡고, 그중 3개의 영업 기회를 발굴하여 견적을 제출한다.

영업 사원 2 : 수요를 파악하기 전 단계의 고객 20명(곳)에 전화를 걸어 5건의 대면 미팅 일정을 잡고, 그중 3개의 영업 기회를 발굴하여 견적을 제출한다.

위의 숫자를 보며 어떤 진단을 하게 되는가? 까다롭지만 영업 현장에서 어떤 일이 일어나는지에 대한 가설을 세우고 진단하고 영업 사원을 코칭할 수 있는 상황이다.

영업 사원 1은 잠재 고객에게 전화를 걸어 실제 영업 기회가 있을지 파악하는 일을 능숙하게 해내지 못한다. 그래서 대면 미팅을 하는 데 생산적이지 못한 시간을 쓸 수 있다. 그렇지 않으면 전화 통화에는 능숙하지만 대면 미팅 능력이 부족해 견적 단계로까지 딜을 이끌어가지 못하는 것일 수도 있다. 중요한 점은 데이터 자체는 거기까지밖에 말해줄 수 없다는 것이다. 만일 팀의 평균 숫자와 개별 영업 사원의 숫자를 정확히 알고 있다면 당신이야말로 무엇을 들여다봐야 하는지 알 수 있다. 팀이 평균적으로 전체 전화 통화 중에서 45퍼센트 정도의 다음 약속을 잡는데 어떤 영업 사원이 30퍼센트밖에 못 잡는다면 그에게는 '전화 통화 기술' 교육이 추가적으로 필요할 수 있다. 맥락, 즉 전후사정을 봐야 의미를 파악할 수 있다. 각 단계의 영업 기회 중 다음 단계로 진행되지 못하고 떨어져 나가는 비중이 얼마나 되고, 또 왜 그렇게 되는지를 분명히 이해해야 어떤 문제가 있는지 진단하고 처방할 수 있다.

각 영업 단계별로 진행되는 속도도 중요하다. 영업 자료를 다운로드하거나 전시회의 설문지에 관심을 표명한 고객을 접촉하여 대면 미팅을 잡는 데까지 얼마의 기간이 걸리는가? 그다음 단계로 진행하는 데까지는 또 얼마나 걸리는가? 2주일? 30일? 이렇게 영업 진행 속도와 관련한 지표를 알고 있으면 당신이나 영업 사원들에게 다음과 같은 이점이 있다.

첫째, 어떤 영업 기회가 방치되고 있는지 혹은 관심이 더 필요한 상황인지를 알 수 있다. 고객이 제안을 리뷰하고 관련 정보를 소화하는 데 대개 30일이 걸리는데 어떤 영업 기회가 해당 단계에서 60일 이상 머물고 있다면 이는 무엇을 말하는가? 영업의 진행 속도와 관련한 숫자를 이해하면 영업 기회가 미궁에 빠지지 않도록 하는 데 당신의 소중한 시간을 쓸 수 있다. '모든 영업 기회를 죽이는 것은 시간이다. 시간은 좋은 영업 기회조차도 죽여버린다'라는 말이 있다. 어떤 영업 단계에서든 특별한 이유 없이 시간을 지체하면 결국 뭔가 문제가 발생하고 결국 수주 가능성은 떨어진다.

영업의 진행 속도와 관련한 숫자들을 이해하는 두 번째 이점은 영업 기회가 중단되었거나 가능성이 없다는 사실을 미리 알아차릴 수 있다는 점이다. 그럼으로써 영업 사원들은 가능성이 거의 없는 영업 기회에 시간과 노력을 쓰지 않고 더 가능성이 높은 고객에게 집중할 수 있다. 세일즈 보스로서 당신도 팀원들이 약속하는 예상 숫자에 거품이 있음을 알아차리고 더 정확하게 팀의 실적을 예측할 수 있다. 대체로 영업 사원들은 어떤 영업 기회가 '죽었다'고 인정하기를 싫어한다. 영업 사원으로서 포기하지 않는 성향은 좋은 자질이기도 하지만 회사가 이미 죽은 영업 기회를 살아 있다고 오해하여 상황을 실제보다 긍정적으로 보도록 하는 일은 없어야 한다. 어쨌건 정상적인 속도를 벗어난 영업 기회가 예상 실적에 들어 있다면 걸러내는 것을 고려하기 바란다.

마지막으로 팀원들의 활동 중에서 잠재 고객 발굴과 관련한 숫자들을 이해해야 한다. 이들 데이터는 대부분 고객관계관리 시스템에서 자동으로 추출할 수 있다. 현재 잠재 고객을 발굴하기 위해 어떤 활동을 얼마나 하는지가 팀의 장래 성과를 좌우하며, 그것은 미래의 실적에 대한 선행 지표다. 그런데 전형적으로 발생하는 문제는 영업 사원들이 당장의 실적, 현재 진행하는 영업 기회에만 신경을 쓰다가 곳간이 텅 비었다는 사실을 발견하고 나서야 뒤늦게 잠재 고객 발굴에 나선다는 점이다.

대체로 영업 사원들은 일단 굶지 않기 위해 당장 진행할 수 있는 영업 기회부터 샅샅이 뒤진다. 몇 개의 영업 기회에 대해 견적을 진행하고 나면 여유를 좀 찾으면서 견적한 영업 기회들을 마무리하는 활동에 집중한다. 그리고 그중 몇 개를 수주하면 느긋하게 납품, 후속 서비스 절차 등을 진행한다. 그러는 동안 잠재 고객 발굴 활동은 등한시하여 전체 영업 기회는 줄어들고 예상 실적은 빈혈에 걸린 사람처럼 핼쑥해진다. 이것을 해결하는 방법은 일이 잘되고 바쁠 때조차도 지속적으로 잠재 고객 발굴 활동을 하는 것밖에 없다. 세일즈 보스로서 잠재 고객 발굴과 관련된 숫자를 정확하게 파악하고 영업 사원들이 이를 지키게 해야 한다.

'잠재 고객 발굴'이야말로 가장 꾸준하게 매출을 안겨주는 최고의 고객이다. 팀원들이 그것을 소홀히 하지 않도록 하라. 각 영업 사원이 자신의 매출 목표 금액을 달성하기 위해서는 몇 개의 잠재 고객을 발굴해야 하는지 알고 있어야 한다. 그것이 얼마나 중요한지 분명히 알려주어야 한다. 내 고객사 중에는 고객관계관리 시스템의 대시보드에 눈에 띄는 공간을 마련하여 매일 아침 영업 사원이 로그인하면 오늘 몇 개의 잠재 고객 발굴 활동이 필요한지를 알려준다. 영업 사원은 이를 염두에 두고 하루를 계획한다. 잠재 고객 발굴을 위한 리듬을 만들어주는 것이다.

영업 사원들은 자신의 숫자를 쉽게 확인할 수 있어야 한다. 과거의 실적 데이터를 역추적하면 각 영업 사원에게 맞는 숫자를 찾아낼 수 있다. 어떤 영업 사원이 X라는 매출 목표를 달성하기 위해 Y개의 딜을 수주해야 한다면 그는 Z개의 견적을 내야 한다. ○○번의 고객 방문당 한 번의 견적 기회가 오고, 한 번의 고객 방문 기회를 만들어내기 위해 ○○번의 이메일이나 전화를 해야 한다면 그는 본인이 몇 통의 이메일을 보내야 하고 몇 통의 전화를 해야 하는지 알 것이다. 그리고 이 모든 숫자는 일 단위여야 한다.

이는 가정 살림살이와도 다름이 없다. 모든 것이 입력과 출력으로 이루어져 있다. 영업 사원들은 본인이 일상생활을 유지하고 미래의 꿈을 이루기 위해 필요한 비용이 얼마인지 그리고 그 금액과 본인의 영업 활동 지표가 어떤 연관이 있는지 이해할 수 있어야 한다. 그러면 확실한 동기부여를 할 수 있다. 이 모든 것들은 당신이 영업 프로세스와 관련한 숫자를 이해함으로써 얻을 수 있는 힘이다.

11

팀원을 조련할 때
선택하고
집중해야 할 것

대부분의 세일즈 매니저들은 실적이 나쁜 사람들에게 지나치게 많은 시간을 쓰는 경향이 있다. 그러나 세일즈 보스는 스타급 영업 사원들과 더 많은 시간을 보내고 가능성 있는 새로운 인재들에게 관심을 쏟는다. 그들은 재능도 없고 동기부여도 되지 않은 사람을 스타급 영업 사원으로 만들기 위해 시간을 허비하지 않는다.

누구나 이런 경험이 있을 것이다. 이메일을 연다. 영업 사원 한 명이 지금까지 확실하다고 하던 영업 기회를 이번 달 실적 예상치에서 뺐다. 그래 놓고 어떻게든 상황을 되돌리고 싶은 마음에 가격을 더 낮춰볼 궁리를 한다. 그렇게라도 하는 게 좋겠다고 당신을 설득한다. 한편 당신도 어떻게든 영업 기회를 살려보겠다고 이곳저곳에 전화를 돌린다. 미리 계획했던 일들은 하나도 하지 못한 채 점심시간을 맞는다. 매니저인 당신이 그 영업 사원의 일을 대신해주지만 이렇게 하여 상황이 바뀌는 경우를 나는 거의 본 적이 없다.

물론 채용 역량을 끌어올려 스타급 영업 사원들을 채용할 수만 있다면 이런 시간 낭비는 줄일 수 있다. 팀에 스타급 영업 사원이 없다 해도 세일즈 매니저는 적어도 A급 영업 사원들과 대부분의 시간을 보내야 한다. 『챌린저 세일(The Challenger Sales)』의 저자 매슈 딕슨(Matthew Dixon)과 브랜트 애덤슨(Brent Adamson)의 연구에 따르면 단순한 제품 판매에서 평균적인 영업 사원과 스타급 영업 사원의 실적에는 59퍼센트의 차이가 있었다. 복잡한 판매 환경이 되면 그 차이가 놀랍게도 200퍼센트로 벌어졌다. 같은 시간을 쏟는다면 어느 쪽이 시간 투자 대비 효과가 크겠는가?

스스로에게 물어보자.

'스타급 영업 사원에게 필요한 자원을 확보해주는 데 내 노력을 집중한다면 그들이 어느 정도의 실적을 낼 수 있을까?'

바닥권에서 헤매는 영업 사원들에 대해 똑같은 질문을 해보라. 언제나 스타급 영업 사원에게서 더 나은 결과를 기대할 수 있을 것이다. 지난 일정표나 과거에 주고받은 이메일, 향후 몇 주간의 일정을 들여다보라. 과연 당신은 스타급 영업 사원들을 위해 시간과 노력을 쏟고 있는가 아니면 그 반대인가?

세일즈 매니저들 중에 탁월한 스타급 영업 사원들은 알아서 필요할 때 도움을 요청할 거라 생각하고 그들에게서 아예 손을 떼버리는 경우가 있다. 이럴 때 스타급 영업 사원들은 본인의 가치를 제대로 평가받거나 인정받지 못한다고 느낀다. 그들이 무엇인가 요청하기를 기다리기보다는 사전에 파악하여 필요한 것을 지원해줘야 한다.

　당신은 스타급 영업 사원들에게 '매니지먼트 회사'만큼의 역할을 하고 있는가? 매니지먼트 회사는 스타들이 무대에 올라 판매 활동에 전념할 수 있도록 모든 것을 지원해준다. 때로 스타들이 경력 관리에 해가 되는 일을 하면 그 사실을 지적해주고 조언도 한다. 당신도 매니지먼트 회사처럼 스타급 영업 사원들에게 적절한 피드백을 제공해야 한다. 그들이 역량을 발휘할 수 있도록 필요한 자원을 원활히 제공해야 하고 회사 내의 장애물을 제거하는 역할도 해야 한다. 또 그들이 정신적·육체적 건강을 유지하여 최고의 실적을 낼 수 있도록 돌봐주기도 해야 한다. 그들도 때로 슬럼프에 빠진다. 그들과 가까운 관계를 유지하고 면밀히 관찰하여 슬럼프 징후가 발견되면 신속히 개입해 충격을 줄여줘야 한다. 그들이 최적의 컨디션을 유지할 수 있도록 돕는 것이야말로 세일즈 보스의 중요한 역할이다.

　스타급 영업 사원들과 자존심 싸움 같은 것은 하지 않는 것이 좋다. 내가 본 스타급 영업 사원들은 모두 세심한 관리를 필요로 하는 사람들이었다. 정해진 규칙을 항상 지키는 것도 아니고 일관성 없는 프로세스를 참지 못한다. 성과가 좋다는 것은 영업 면에서 탁월하다는 뜻이지 매니저의 시간과 관심이 덜 필요하다는 뜻은 아니다. 극단적으로 들릴 수 있겠지만 회사는 사실 이들 덕분에 먹고산다. 스타급 영업 사원들이 반목을 조성하거나 구성원 간 갈등을 조장할 때는 당연히 개입해야겠지만 평상시에도 상당한 시간을 들여 그가 일을 잘할 수 있는 환경을 만들어주는 데 집중하라. 그들이 꼭 따라야 하는 규칙이나 프로세스가 있다면 그것들이 자신의 실적이나 회사의 실적에 미치는 영향을 이해하고 인정할 수 있도록 도와주어라. 대부분 그들은 이타적인 면이 있다. 이를 다른 팀 구성원들에게 도움이 되는 방향으로 활용하는 것도 좋다.

한편 스타급 영업 사원들도 본인이 더 나아질 수 있음을 알아야 한다. 그들 스스로 개선의 여지가 있음을 깨달을 수 있도록 조심스럽게 자극도 해보자. 그들의 경쟁적인 본성에 불을 지펴라. 스타급 영업 사원들은 결국 자기 자신과 경쟁하며 승리 자체를 좋아한다. 만일 팀 내 스타급 영업 사원들의 능력이 매니저인 당신을 능가한다면 (실제로 그럴 가능성이 크다) 외부 코칭을 받도록 해줘라. 이미 대부분의 회사들이 전체 영업 사원들을 대상으로 정기적인 교육을 하고 있고 외부 강사 초청 교육도 제공할 것이다. 그런데 이런 교육들은 단체 교육이라는 특성 때문에 다양한 수준의 팀원들에게 두루 맞추어진 경우가 많다.

스타급 영업 사원들을 위해서는 이런 단체 교육 말고 좀 특별한 것을 찾아보자. 만일 모든 팀원들이 스타급이라면 그들 하나하나를 위해 특별한 뭔가를 찾아야 한다. 회사에서 100퍼센트 지원하여 자기계발 과정이나 기타 특별한 교육과정에 보내주는 것도 한 방법이다. 이들 과정이 반드시 영업과 관련한 것일 필요는 없다. 삶을 바라보는 시야를 넓혀주고 성장 욕구를 느끼게 해줄 무언가를 선택하라. 매니저로서 그들과 건강한 관계를 구축하고 있다면 어떤 유형의 과정이 그들에게 좋은 자극이 될지 알 것이다.

스타급 영업 사원들은 늘 자신을 측정하고 평가하는 성향이 있지만 그 평가와 비교 기준이 팀의 동료들에게 한정되지 않도록 할 필요가 있다. 더 큰 무엇인가로 자극하지 않으면 그들은 이미 스스로가 정상에 올라 있으며 정체되고 있다고 느낄 것이다. 이런 경우 그들에게는 회사 외부에 비교할 수 있는 대상이 필요하며 외부에서 실시하는 교육 기회가 그들에게 자극의 기회를 제공할 것이다. 이렇게 하면 덤으로 매니저에 대한 신뢰도 높아진다. 그들은 당신을 관리자가 아니라 동맹군으로 보게 될 것이다. 현금으로 지급하는 보너스는 금세 잊어버린다. 그러나 경험의 형태로 보너스를 지급하면 더 나은 성과를 내고 싶은 열정이 생기고 경험을 오랫동안 기억한다.

현명한 관리자들은 시간이 지나도 개선될 기미가 없는 사람에게 시간을 낭비하지 않는다. 시간을 투입할 가치가 없기 때문이다. 모든 사람이 다 같이 소중하지만 판단이 필요한 상황에서는 확실하게 판단할 수 있는 냉정함도 필요하다.

이런 예를 들어보자. 개가 필요한 상황인데 개를 찾기가 여의치 않다. 그래서 개 대신 고양이를 사 온다. 많은 시간과 노력을 들여 고양이가 개처럼 짖을 수 있게 된다 치더라도 '개 대신 고양이'는 올바른 선택이 아니다. 둘 다 네 개의 다리와 털을 가지고 있지만 절대 같은 것이 될 수 없기 때문이다. 영업의 세계에서도 반드시 필요한 DNA가 있다. 그것이 없는 사람을 채용하여 아무리 많은 코칭과 멘토링을 하더라도 그가 영업적으로 성공하리라 기대할 수 없다. 제대로 된 영업 DNA를 지닌 사를 채용하고 그가 최고가 되도록 훈련하는 것이 옳은 길이다.

지금 당신의 팀에도 개 대신 선택받은 고양이들이 있지 않은가? 고양이들이 존재하고 그들이 절대 스타급 영업 사원이 될 수 없음을 안다면 더 늦기 전에 어떤 조치를 취해야 한다. 고양이를 키우는 데 시간과 노력을 낭비하지 마라. 팀에 C급 영업 사원이 없어야 스타급 영업 사원 그리고 성장 가능성 있는 인재들과 더 많은 시간을 함께할 수 있다.

◆　◆　◆

다음 몇 개의 장에서는 팀원들과 어떻게 시간을 보내야 하는지 생각해볼 것이다. 반드시 수행해야 할 미팅에는 어떤 것들이 있는지, 코치나 멘토, 리더로서 어떤 역할을 해야 하는지, 궁극적으로 어떻게 해야 세일즈 보스가 될 수 있을지에 대해 논의해보자.

The
SALES
BOSS

12

결속력을 높이는
팀의 리듬

팀을 관리하고 팀원들에게 동기를 부여하는 데는 특별한 리듬을 만드는 것이 효과적이라고 재즈의 예를 들어 설명하였다. 이 장에서는 그중에서 중요한 몇 가지 리듬에 대해 논의해보자.

　어떤 팀이든 정기적인 미팅 없이 효과적으로 운영할 수 없다. 정기적으로, 생산적인 미팅을 하는 것은 매우 중요하다. 엉성하게 진행하는 미팅은 그에 걸맞게 허접한 결과를 낳고 참석자들이 시간 낭비라는 생각을 하게 한다. 어떤 형태든 정기적인 미팅을 하고 있다면 미팅을 계속 유지하는 게 좋을지 아니면 없애는 것이 좋을지에 대해 적어도 일 년에 두 번씩은 참석자들을 대상으로 투표를 해보는 게 좋다. 미팅에 에너지가 고갈되었다고 느낄 때가 투표를 하기에 적절한 시기다. 대다수의 구성원들이 미팅을 없애야 한다고 느낀다면 다음번 미팅은 다음과 같이 시작해야 한다.

"자, 결과가 나왔습니다. 여러분 중 75퍼센트가 이 미팅이 시간 낭비라고 생각합니다. 애초에 이 미팅을 잡을 때는 _____가 필요하다고 생각했기 때문입니다. 이 미팅이 원래의 목적을 달성하고 의미 있으려면 어떤 변화를 주는 게 좋을까요? 오늘 남은 시간은 그에 대해 논의하겠습니다."

그러고 나서 미팅을 효과적으로 바꿀 방법에 대해 마음을 열고 논의하라. 이렇게 솔직하게 소통하면 팀원들은 매니저인 당신이 자신들을 중요하게 여기고 있다고 생각한다. 그리고 세세한 것까지 간섭하며 관리하기보다는 효율성과 결과를 중시한다는 메시지도 전달된다. 미팅은 신성한 리듬의 일부임을 기억하자. 없애버리기보다는 용도를 조정하거나 효율성을 높이는 방안을 찾아 유지하는 것이 좋다.

영업 조직을 운영하다 보면 여러 가지의 그룹 미팅을 운영한다. 이때 각각의 미팅에 그 목적을 잘 표현하는 창의적인 이름을 짓는 것은 무엇보다 중요하다. 해당 산업에서 쓰는 용어들을 미팅의 이름으로 쓸 수 있다. 항공 산업이라면 프리플라이트(비행전), 소티스(출격), 플라이트 플랜(비행 계획), 샨델(급상승 방향 전환) 등의 용어를 미팅 이름으로 쓸 수 있을 것이다. 구성원들만 아는 독특한 용어를 쓸수록 소속감이 커지는 점을 기억하기 바란다. 각각의 미팅에 독창적인 이름을 부여하여 미팅을 신선하게 느끼게 하자.

그룹 미팅 ··

주간 팀 미팅(독창적인 이름을 붙이는 것도 좋다)

주간 미팅은 일반적으로 영업 상황을 점검하기 위한 회의로, 빠르게 진행해야 하므로 구조를 매우 잘 짜야 한다. 영업팀의 주간 미팅은 월요일 아침 일찍이나 금요일 오전에 하는 것이 가장 좋다. 금요일 오후에 진행하면 불참하는 인원들이 생기고 구성원들의 적극성이 떨어질 수 있다. 영업팀의 주간 미팅은 세 가지 부분으로 나뉜다.

첫 번째는 팀 구성원들이 각자 간략하게 보고하는 부분이다. 각 팀원들이 해당 기간 동안의 매출 실적이나 활동 지표들에 대해 보고한다. 한 주 동안 도움이 되었던 사람들에 대해 고마움을 표현하기도 하고 다음 주에는 어떤 것들에 집중할지에 대해서도 언급한다. 이 보고 과정은 매니저의 개입 없이 진행해야 하며 장황해지지 않도록 신경 써야 한다. 사실 내가 본 최고의 보고는 미리 대본을 정해놓고 하는 것이다. 보고 내용을 대본으로 만들어두면 그 자체가 리듬이 되어 영업 사원들은 자신이 맡은 영역에서 어떤 일이 일어나는지를 아주 분명히 정리할 수 있다.

다음은 대본의 한 예다.

"금주 기준 제 분기 매출 예성액은 목표 금액 _____ 대비 _____입니다. 지난주 매출액은 _____였습니다. 잠재 고객 발굴을 위해 ____회의 고객 방문을 진행하였으며 _____건의 고객사 임원진 설명회를 진행하였습니다. 이는 목표 대비 약간

앞선(또는 뒤진) 상황입니다. 지난주 저는 _____를 하기로 하였고 실제로 _____를 진행하였습니다. 다음주 제 활동의 중심은 _____이 될 예정입니다. 도움이 필요한 부분은 _____ 입니다. 제가 _____할 수 있도록 도움을 주신 _____ 님께 는 고마움을 전하고 싶습니다."

정해진 대본에 따라 이렇게 미팅을 시작한다면 어떨까? 동료 간에 생기는 압박감이나 긴장감이 높아질 것이다. 매니저인 당신이 한마디도 하지 않지만 구성원들은 자신의 활동을 다른 구성원들의 활동과 비교하면서 여러 측면에서 자신의 활동을 되돌아보고 교정할 것이다. 지난주 실적이 좋지 않았다면 다음 보고를 위해 더욱 열심히 뛰게 되고, 실적이 좋은 동료들의 영업 활동이 자신의 것보다 많다면 자신의 활동량을 늘리게 된다. 다른 모든 사람들이 잠재 고객 발굴을 위해 10회의 고객 방문을 했다고 하는데 "저는 잠재 고객 발굴을 위해 5회의 고객 방문을 실시했습니다"라고 말하고 싶지는 않을 것이다.

이러한 미팅 형식은 새로 입사한 영업 사원들에게 숫자와 실적이 중요하다는 것, 그리고 그들도 자신의 숫자를 정확히 관리해야 한다는 것을 확실히 알려준다. 그리고 팀의 실적을 높이기 위해 꼭 필요하다고 생각하는 부분을 언제든 대본에 넣을 수 있는 장점도 있다. 대본에 어떤 지표를 추가하면 해당 영역에 대한 팀원들의 관심이 즉각 높아질 것이다.

영업팀 주간 미팅의 두 번째 부분은 매니저의 몫이다. 팀에 영향을 줄 수 있는 모든 것들, 즉 승진, 업계의 전시회 정보, 마케팅 관련 소식 등 팀원들이 영업 활동을 하는 데 도움이 될 수 있는 모든 정보를 공유하라. 주요 경쟁 대상이 있다면 그에 대해서도 언급해야 한다. 단, 늘 긍정적이고 건설적이어야 하며 공은 팀원들에게 돌려야 한다. 리더가 빛나야 할 필요는 없다.

주간 미팅의 마지막은 성공이나 실패 사례를 공유하는 부분이다. 수주 또는 실주 사례와 그것을 통해 배운 점을 공유하여 팀원들이 간접경험을 할 수 있도록 하자. 주중에 진행하는 일대일 코칭 세션에서 팀 전체에 공유하면 도움이 될 사례를 찾아내어 해당 영업 사원에게 미리 발표 준비를 시키면 된다.

무엇보다 중요한 것은 미팅 날짜와 시간을 고정시켜 변동이 없게 하고 정시에 시작하고 정시에 끝내는 것이다. 변경하거나 취소하는 경우가 없으므로 휴가 때를 제외하고는 무조건 참석해야 한다고 팀원들이 생각하도록 만들어야 한다. 그 무엇도, 심지어는 고객조차도 이 미팅 일정과 충돌이 나는 상황을 만들 수 없다. 내가 이를 신성한 리듬이라고 하는 이유다. 짜임이 상당히 견고한 주간 미팅과 달리 다음에 설명할 월간 미팅은 반대의 성격을 갖는다.

월간 팀 미팅

이 미팅의 성격은 다소 편안하고 즐거워야 한다. 한 달에 한 번 진행하는 이 미팅은 어떤 주제에 대해 심화 교육을 하거나 정보를 공유하는 장이 된다. 이는 주간 미팅을 대체할 수 있는 성격의 미팅이 아니며 한 달이라는, 충분히 계획하고 준비할 시간이 있으므로 대충 진행할 수 없는 미팅이다. 구성원들에게 도움이 될 주제를 정해 팀원들이 이 미팅을 의미 있고 중요한 것으로 인식하도록 해야 한다. 또 영업팀이 협업해야 할 사람들, 즉 영업팀 외부까지 대상을 확대하여 진행할 수도 있다. 제품 관리자나 마케팅팀, 견적팀 등을 초청해 영업팀에 도움이 될 내용을 발표하도록 하는 것이다.

이 미팅에도 시작의 리듬은 필요하다. 예를 들어 회사 소개 시나리오가 새롭게 나왔고 팀원들이 그것을 익히는 과정이라면 회사 소개 역할극으로 미팅을 시작할 수 있다. 팀원들 중 누군가를 지정해 역할극을 진행하게 한다. 일단 한 번 시작하면 새 회사 소개가 팀원들의 '제2의 본성'으로 자리 잡을 때까지 같은 역할극으로 월간 팀 미팅을 시작해야 한다. 매번 역할극을 누가 진행할지는 즉석에서 정하는 것이 좋다. 그러면 본인이 지정될 경우를 대비해 모든 팀원들이 매 회의 때마다 미리 준비할 것이다. 그렇다고 대상을 제비뽑기처럼 즉흥적으로, 아무나 지정하는 것은 좋지 않다. 이번 달 역할극을 누가할지 정하는 것도 훨씬 재미있고 학습에 도움이 되는 방법으로 고민해보자.

월간 미팅을 할 때 대부분의 시간은 교육하고 훈련하는 데 할애해야 한다. 훈련을 지속적으로 받는 것이야말로 영업 사원이 올바른 자세를 유지하는 가장 좋은 방법이다. 더 자주 훈련할수록 고객 앞에 섰을 때 팀원들은 훨씬 더 영리하고 민첩하게 처신한다. 교육 말고도 이 시간을 활용해 팀에 영향을 주고 있거나 줄 수 있는 다양한 문제들에 대해 논의할 수 있고 전시회 같은 행사의 진행 계획도 세울 수 있다.

월간 실적을 요약해 공유하고 공로를 치하하고 포상도 하라. 트로피를 만들어 매달 '이달의 수상자'에게 돌아가며 전달하는 것도 재미있는 방법이다. 트로피를 전하면서 특별한 이야기, 감동이 있는 이야기를 함께 전할 수 있다면 금상첨화일 것이다. 사람들은 좋은 이야기를 오래 기억하기 때문이다. 유의해야 할 것은 저성과자를 공개적으로 질책하는 것은 삼가야 하는 점이다. 득 될 것이 없기 때문이다. 팀을 전체적으로 혼내는 것도 유용한 때가 있긴 하지만 이는 아주 드문 경우다.

미팅에 즐거운 요소를 넣도록 하자. 장소를 바꾸어 공장이나 다른 부서에서, 지역의 공원이나 박물관에서, 또는 협력사나 고객사 등에서 미팅을 진행해보는 것도 고려해보라. 매달 회사 회의실을 쓰는 것은 피하는 게 좋다. 미팅이 자율 주행 모드가 되어버리면 사람들은 흥미를 잃고 의미 있는 회의 결과를 내기도 어려워진다. 성과가 있는 탁월한 미팅을 하려면 상상력이 필요하다. 사람들이 회의실에 들어설 때 발랄한 음악을 트는 것도 좋다. 팀이 지역적으로 분산되어 있어 화상이나 전화로 미팅을 해야 한다면 그 상황에 맞게 변화를 줄 수 있는 방법을 찾아야 한다. TED Talks 같은 동영상도 활용하기 좋은 소재다.

한 달에 한 번 진행하는 월간 미팅이야말로 매니저로서 온도 조절기 역할을 하기에 최적의 기회다. 이때를 활용해 팀의 온도와 에너지 수준을 정해주어야 한다. 다행히 팀원들에게 전해질 에너지와 열정의 강도는 전적으로 내가 선택할 수 있다. 팀원들 앞에 설 때마다 나의 처신이나 태도가 팀원들에게 얼마나 큰 영향을 줄지를 생각해야 하며, 팀원들이 뭔가에 대해 생각하고, 느끼고, 확신하도록 만들고 싶다면 당신이 먼저 생각하고, 느끼고, 확신해야 한다.

매니저인 당신의 소통 방식은 현재 당신이 어떻게 느끼는지, 당신을 움직이는 동기가 무엇인지에 대해 많은 것을 얘기해준다. 두려움을 지닌 채 조직을 이끌고 있는가? 회사에서 매출 압박을 받고 있고 그래서 그 부담을 팀원들에게 그대로 드러내고 있지는 않은가? 팀원들이 반드시 어려움을 극복하고 목표를 달성할 수 있을 것이라고 확신하는가? 매니저는 자신의 감정 상태와 그것이 팀원들에게 미칠 영향을 늘 인지해야 한다.

연례 세일즈 행사

연례 세일즈 행사는 대개 모든 영업 조직이 모이는 행사로 주로 연초에 열린다. 여기서 연간 매출 목표를 발표하고 신제품 교육을 한다. 전년도의 실적에 대한 시상식도 함께한다. 월간 미팅이야 매번 모두 한자리에 모이지 않을 수도 있겠지만 이 연례행사는 모든 구성원이 반드시 직접 참석해야 한다.

이 연례행사는 일반적으로 며칠에 걸쳐 진행한다. 당연히 잘 계획하여 짜임새 있게 구성해야 한다. 이 행사에는 돈을 지나치게 아끼지 않는 것이 좋다. 이 연례행사가 회사의 성공에 얼마나 중요한 영향을 미치는지 팀원들이 충분히 아는 것이 좋다. 되도록 외부 강사를 초청하는 것도 도움이 된다. '선지자들도 본인의 고향에서는 존경받지 못했다'는 말이 있다. 단지 외부 사람이라는 이유만으로도 외부 강사의 목소리가 내부 강사의 목소리보다 훨씬 크게 들리곤 한다. 앞에서 제안한 대로 월간 미팅을 잘 운영해왔다면 미팅에 대한 팀원들의 기대치는 높을 것이다. 이 연간 행사에 대한 기대치는 그보다 훨씬 더 높아야 한다.

행사 중에는 구성원들이 동료들과 교류하고 친해질 수 있는 시간을 따로 마련하는 것이 좋다. 저녁 시간, 스포츠 이벤트, 쇼(팀원들이 참여할 수 있는 즉흥극 같은 것도 좋다), 챌린지 프로그램, 등산 등 여러 가지 형태의 활동이 가능하다. 함께하는 활동을 통해 동료애와 결속력이 높아지고 전체적인 행사의 힘과 영향력도 커진다.

회의와 프레젠테이션으로 행사를 채우지 마라. 일 년 내내 진행한 대부분의 미팅이 그랬을 것이다. 연례행사는 한 해 중 가장 자연스럽고 팀원들이 즐길 수 있는 자리가 되어야 한다. 지리적인 여건과 여타의 조건이 허락된다면 하루 저녁 정도는 배우자와 아이들이 함께 참여하는 것도 좋다. 많은 영업 사원들이 평소 가족들과 떨어져 출장을 다녀야 하므로 가족과 함께할 수 있는 기회를 주면 고맙게 생각할 것이다. 동료들의 개인적인 삶을 마주하는 것도 그들에게는 도움이 된다. 행사를 통해 구성원들은 자신의 팀을 더욱 긍정적으로 바라보고 결국 더 가깝고 진실한 관계로 발전할 것이다.

행사를 마칠 때는 기진맥진할 정도의 느낌이 아니라 '즐거운 고단함'을 느낄 수 있도록 행사를 기획하라. 행사장에 들어설 때보다 더 많은 에너지를 가지고 돌아갈 수 있도록 해야 한다. 그리고 이 연례행사는 회사의 전통을 만들기에도 좋은 기회다. 전통이라고 할 만한 것이 없다면 지금이야말로 언젠가 당신이 회사를 떠난 후에도 남을 수 있는 그런 전통을 만들 때다.

스타급
영업 사원을 만드는
일대일 미팅

일대일 미팅 시 고려할 것들

일대일 미팅은 개별 영업 사원들과 관계를 구축하고 그들이 성장할 수 있는 맞춤 환경을 만들어줄 수 있는 플랫폼이다. 세일즈 보스로서 당신은 팀원들과 몇 가지 중요한 일대일 미팅을 수행해야 하는데, 이 장에서는 각각의 미팅이 달성해야 할 목표와 그 진행 방식에 대해 설명하겠다. 우선 미팅에 임하는 당신의 마음가짐이 어떠해야 하고, 미팅 중에 당신은 어떤 모습을 보여줘야 하는지 이해해야 한다.

관리자로서 지켜야 할 지침들을 다시 기억해보자.

- 지나치게 세세하게 관리하지 마라. 다만 적극적으로 관여하라.
- 숨기거나 과장하지 말고 정직하라.

- 진실하라. 사람을 존중하고 사람에 대해 애정을 가져라.
- 온도계가 아니라 온도 조절 장치가 되어라.
- 신뢰하고 최선을 기대하라. 그러나 검증하라.
- 더 크게 보고 믿어라.
- 잘못은 나에게 있다고 생각하라.

영업 사원들과 진행하는 모든 미팅은 반드시 이 지침에서 출발해야 한다. 최고의 세일즈 보스는 코칭과 멘토링에 본인 시간의 80퍼센트 이상을 쓰고 그 나머지 일에는 20퍼센트 이하의 시간을 쓴다.

일대일 미팅을 할 때는 선입견 없이 감성 지능이 충만한 상태로 참석해야 한다. '내가 원하는 무엇인가를 얻겠다'는 마음이 아니라 전적으로 팀원을 돕겠다는 진실한 마음이어야 한다. 영업 사원들은 자기 역량의 100퍼센트를 발휘하고 있거나, 그렇지 않다면 스스로 100퍼센트를 발휘할 수 없다고 생각하는 어떤 이유를 가지고 있다. 실적이 만족스럽지 못한 팀원이 있다면 그에게 어떤 일이 일어나고 있는지, 그가 100퍼센트 목표 달성이 무리라고 생각하는 이유가 무엇인지를 알아내는 것이야말로 당신의 임무다.

영업 실적에 대해 생각할 때 '보스(BOSS)'라는 단어를 떠올리는 것이 도움이 된다. 영업 사원은 'BOSS'처럼 권위 있는 세일즈를 해야 한다고 나는 늘 주장한다. 'BOSS'는 영업 사원들의 판매 역량에 영향을 주는 요소들로 행동 습관(Behavior), 관점(Outlook), 기술(Skill), 고객에게 비치는 인상(Stature)의 약자다. 이들은 개별 영업 사원들의 실적을 이해하는 데 좋은 출발점이 되며 이들 각각을 잘 이해해야 구성원들 개개인의 실적을 높일 방법을 찾을 수 있다.

행동 습관

행동 습관은 영업 사원들이 일상적으로 하는 행동과 그 빈도를 말한다. 얼마나 많이 전화 통화를 하고 방문하는지(영업 활동의 빈도)와 음주, 식사, 운동 습관 등도 포함한다. 이 사람이 얼마나 계획적인 사람이며 행동은 얼마나 조직화되어 있는가? 영업에 필요한 자원과 도구는 잘 활용하는가? 이와 같은 질문을 통해 확인하려는 것은 그 사람이 '어떻게' 하는지보다는 '무엇'을 하는지다.

이런 경우를 생각해보자. 콜드콜(고객의 요청이 없었는데도 전화를 걸어 수요가 있는지 확인하는 것)에 아주 능숙하여 매번 의사 결정권자와 통화하는 것까지 이끌어내는 영업 사원이 있다. 그에게는 아주 완벽한 콜드콜 기술이 있다. 그런데 만일 그가 전화를 자주 하지 않는다면 아무리 콜드콜 전문가라 하더라도 그 기술이 실적으로 이어질 수 없다. 기술과 행동 습관 사이에 균형이 필요한 이유다.

관점

만일 당신이 A급 영업 사원들이 모인 팀을 이끌고 있다면 그들이 어떤 관점을 지니고 있는지는 실적에 가장 큰 영향을 주는 요소다. 관점이란 어떤 사람이 어떤 사물이나 상황에 대해 어떻게 느끼는지를 말한다. 그런데 그것은 항상 변화한다. 관점은 자기 자신, 시장, 경제, 경쟁, 회사,

매니저, 동료 등 여러 가지에 대해 존재한다. 직장 밖에서 일어나는 것들에 대한 관점도 물론 있다.

일대일 미팅을 해보면 해당 영업 사원이 여러 가지 것들에 대해 어떤 관점을 지녔는지를 이해할 수 있다. 관점이 어떻게 변화했고 현재 변화하는지를 관찰해보라. 사용하는 언어를 보면 그가 어떤 감정인지 알아낼 수 있다. 자신이 처한 상황에 대해 좌절하거나 압박을 느끼면서, 혹은 무엇인가에 대해 화가 난 상태에서 좋은 결과를 내기란 어려운 일이다. 아주 열심히 뛰던 영업 기회를 경쟁자에게 빼앗긴다면 패배감이 들 것이다. 패배한 결과를 놓고 다른 부서를 원망할 수도 있다. '생산부서에서 좀 더 경쟁력 있는 납기일을 약속해줬더라면……' 등등 여러 가지를 바라보는 구성원들의 관점이 어떻게 변화하는지를 늘 주의 깊게 살핀다면 실적을 비롯해 앞으로 발생할 이슈들에 미리 대비할 수 있을 것이다.

기술

기술은 그들이 무엇을 하느냐가 아니라 어떻게 하느냐다. 그들이 어떻게 회사 소개를 하는가? 잠재 고객들에게 어떤 질문을 하는가? 몸짓이나 목소리 톤은 어떠한가? 기술이야말로 개발이 필요한 영역이다. 동료들과 견주어 엄청 부지런하더라도 적절한 기술이 없으면 실적은 좋아질 수 없다. 열심히 일하지만 비효율적인 사람들이 의외로 많다.

인상

이는 다른 사람들에게 어떻게 보이는지를 압축해서 표현하는 말이다. 그들이 컨설턴트로서 무게감을 지니고 있는가? 아니면 고객에게 신뢰받는 조언자로서 품위를 지키고 있는가? 외모, 목소리 톤, 분위기, 전화 통화 시 전해지는 존재감 등 고객들이 그들을 바라보는 데 영향을 주는 모든 것들이 여기에 해당한다.

일대일 미팅의 3가지 유형

주요한 일대일 미팅에는 영업 기회 리뷰, 영업 기술 및 영업 과정에 대한 코칭, 고객사 동행 방문이 있다. 다른 모든 미팅과 리듬이 그렇듯이 이들 일대일 미팅에도 고유한 이름을 붙이는 것이 좋다.

1. 영업 기회 리뷰

일대일로 진행하는 영업 기회 리뷰 미팅은 한 달에 한 번씩 한다. 이 미팅에서는 코치나 멘토 역할도 필요하지만 보스로서 평가하고 판단하는 역할이 더 많이 요구된다. 미팅 중에는 잠재 고객 발굴 활동, 고객관계관리 시스템 활용률, 미처리 견적 건수, 예상 매출액 변화 등 중요한 성과 지표들에 대해 논의한다. 전체 영업 기회들 중에서 금액이 큰 딜들에 대해서는 진행 상황에 대해 더 깊이 있게 들여다보고 향후 계획을 논의해야 한다.

논의하는 내용에 대해서는 메모를 하라. 그러면 매달 해당 영업 기회에 어떤 변동 사항이 있는지 추적할 수 있다. 어떤 영업 기회에 대해 지난달에는 아주 신이 나서 얘기를 했는데 지금은 말을 아끼고 있다면 어떤 일이 일어났는가? 해당 딜을 수주하는 데 걸림돌은 무엇인가? 당신이 어떻게 도와줄 수 있는가? 어떤 리소스가 필요한가? 메모를 잘해놓아야만 과거 무슨 얘기가 있었는지 쉽게 기억할 수 있다. 그리고 듣는 사람이 성실히 메모하면 말하는 사람은 듣는 이가 자신의 말을 중요하게 여긴다고 느낀다. 만일 사용하는 메모 이력 관리용 툴이 없다면 원노트나 에버노트 같은 메모용 툴 사용을 추천한다.

그리고 매출 목표에 대해서도 논의하라. 매출 목표를 달성할 만큼 현재 충분한 영업 기회를 확보하고 있는가? 그렇지 않다면 어떤 활동이 필요한가? 고객관계관리 시스템을 비롯해 회사의 시스템들을 충분히 활용하고 있는가? 시스템 활용을 위해 추가 교육이 필요하다면 어떤 교육이 필요한지 파악해 메모해두고 추후 반드시 교육한다.

이 미팅에서는 숫자들에 집중하여 세심하게 살펴야 한다. 실적이나 지표가 좋지 않은 직원들에 대해서는 더 깊게 들여다보아야 한다. 그들이 제시하는 예상 실적이 타당한지를 체크할 수 있는 질문을 하라. 자신의 실적에 대해 어떻게 느끼는지 그리고 어느 정도의 실적을 달성해야 한다고 생각하는지 확실히 물어보아야 한다. 숫자에 대한 약속을 받아야 한다. 진심으로 격려해주어야 하지만 필요하다면 혼을 낼 수도 있어야 한다. 실적이 저조하다면 이 시간을 통해 문제 해결 방법도 찾아야 한다.

앞으로 진행할 고객 미팅들에 대해 논의하는 것도 이 일대일 미팅의 중요한 부분이다. 방문 일정을 잡았는지, 어떤 식으로 미팅을 진행할지,

미팅의 결과물로는 어떤 것을 기대하는지 등에 대해 물어봐야 한다. 메모용 툴을 이용해 기록을 남기고 다음번 미팅에서 실행 결과를 확인하라. 몇 개의 중요한 고객 미팅에 대해서는 미리 역할극을 해보거나 지원이 필요한 내·외부 자원을 함께 파악해보는 것도 좋다.

영업 사원들이 예상 매출 금액을 약속하는 것도 이 미팅에서 이루어진다. 예상 매출액을 정확하게 제출하는 것이 얼마나 중요한지를 강조할 필요가 있다. 코칭을 하고 도움을 주었는데도 확신 없는 답을 하거나 문제가 계속된다면 이 미팅에서 압박감을 높여야 한다. 전화 통화 수, 고객 방문 횟수, 출장, 진행 중인 전체 영업 기회의 규모 등을 꼬치꼬치 따져가며 그들을 압박해야 한다.

다음은 압박감을 높이는 대화의 예다.

"김 과장, 자네가 매출 목표를 달성할 수 있을 만큼의 영업 기회를 확보하려면 잠재 고객 방문 횟수를 늘릴 필요가 있다고 얘기했었네. 그건 자네가 직접 제안했던 방법이었네."

"지난번 미팅에서 자네는 주간 고객 방문 횟수를 O회로 늘리는 게 합리적이라고 했네. 그런데 이번에도 그 숫자를 채우지 못한 것 같구먼. 이건 자네답지 않아. 보통 자네는 하겠다고 약속한 일에 대해서는 약속을 지켜왔네. 무슨 일이 있는 건가? ＿＿＿＿＿＿＿(답) 어떻게 그 문제를 해결하는 게 좋겠는가? ＿＿＿＿＿＿(답) 오케이, 그럼 그렇게 해보세."

"질문을 하나 하겠네. 이렇게 약속을 했는데 다음달 미팅에서 자네가 다시 약속을 지키지 못하고 우리가 똑같은 얘기를 나누게 된다면 내가 어떻게 해야겠는가? ＿＿＿＿＿＿＿＿(답) 자네가 내 입장이 되어 영업팀을 맡고 있다면 이 문제를 얼마 동안 봐줄 수 있겠는가? ＿＿＿＿＿＿＿(답) 김 과장, 회사의 매출 목표 달성이 우리에게 달려 있기 때문에 나는 이 문제를 아주 심각하게 생각하네. 그리고 그보다 더 중요한 것은 자네 개인적인 문제일세. 자네도 집에 가져다줘야 할 돈이 있지 않은가? 목표한 만큼 돈을 벌지 못하면 자네한테 미칠 영향도 크지 않은가? 자네가 ＿＿＿＿＿＿＿＿라고 얘기했던 기억이 나네."

어떤 문제에 대해 영업 사원이 후속 행동을 취하지 않는 경우는 보통 해결책을 찾는 과정에 그가 직접 참여하지 않았거나, 어떤 행동을 취해야 하는지에 대해 명확히 의사소통하지 않았을 때다. 실행 약속은 확실히 받아내야 하고 문제가 있을 때는 세일즈 보스로서 분명한 판단을 내려주어야 한다. 실적에 관한 한 조금의 모호함도 없어야 한다.

한 달에 한 번 리뷰 미팅을 철저히 하고 나서는 예상 매출액을 다시 묻지 않도록 하라. 뭔가 치명적인 사유가 발생하지 않는 이상 '얼마를 약속했는지'에 대해 반복해서 묻지 말아야 한다. 자신이 약속한 바를 지키는 사람들로 팀원들을 신뢰하자. 지키지 못하면 다음번 일대일 미팅에서 얘기하면 된다. 너무나 많은 세일즈 매니저들이 예상 매출액에 전전긍긍하여 영업 사원들의 영업 활동을 방해한다. 한 달 내내 영업 사원들에게 전화를 걸어 예상 매출액을 물어보는 매니저들이 너무도 많다. 이것이야말로 지나친 관리 행위며, 아무런 효과도 없는 행동이다.

영업 사원들이 긍정적인 관점을 유지하며 행동 습관을 개선하고, 영업 기술을 발전시키고, 고객들에게 비치는 자신의 모습이 더 나아지도록 노력하면 실적은 저절로 따라온다. 고객관계관리 시스템에 지나치게 의존하는 관리자들을 많이 보아왔다. 진정 세일즈 보스가 되고 싶다면 시스템은 필요할 때만 활용하라. 현장으로 뛰쳐나가 코칭하고 교육하고 때로 조정자 역할도 하고 팀원들에게 동기를 부여하고 영감을 주는 실질적이고 구체적인 활동을 해야 한다. 일반적인 규모의 조직인 경우, 고객관계관리 시스템에 쓰는 시간은 하루 45분이면 충분하다. 이메일과 서류 작업, 회의 그리고 경비 결제에 묻혀 산다면 그것은 전적으로 당신의 잘못이다. 그것들은 시간을 잡아먹는 귀신들이다. 관리적인 일들을 많이 할수록 실적은 제한될 것이다.

2. 영업 기술 및 영업 과정에 대한 코칭

단체로 실시하는 교육 말고도 일대일의 지속적인 코칭이 필요하다. 일대일 대화를 나누다 보면 영업 사원 개개인들에게 일어나는 일에 대해 더 많이 이해하게 된다. 일대일 미팅 전에는 시간을 내어 해당 영업 사원의 행동 습관과 기술, 관점 그리고 고객들에게 비칠 그의 모습에 대해 곰곰이 생각해보고, 어떤 부분에 대한 코칭이 필요할지 미리 계획하라. 영업 사원 본인이 부족하다고 생각하는 영역에서 출발하는 것이 가장 좋긴 하다. 한편 영업 사원 스스로 모든 면에서 문제가 없다고 생각하는 경우라도 항상 부족한 부분은 있게 마련이다. 그것을 찾아내어 코칭해야 한다. 그리고 해당 영업 사원이 근속 기간과 견주어 적절한 수준의 지식을 확보하고 있는지 평가하는 것도 이 미팅을 통해 이루어져야 한다.

세일즈 보스로서 코칭의 고수가 되고 싶다면 기꺼이 '현재'에 집중할 수 있어야 한다. 현재에 집중한다는 것은 일대일 미팅 시 온전히 상대방과 함께한다는 뜻이다. 지난번 미팅에 대해 생각하거나 이메일을 체크하는 등 다른 일을 동시에 하지 말아야 한다. 대화를 하는 동안에도 상대방의 말이 아니라 행간에서 진실을 발견할 수 있기 때문이다. 온전히 현재에 집중하여 진짜 속마음을 읽으려면 약속 시간 전에 마음을 깨끗이 비워두어야 한다. 심호흡을 하면서 코칭을 통해 무엇을 얻고 싶은지 차분히 생각해보자. 그리고 미팅이 시작되면 전적으로 현재에 집중하자.

코칭 중에 역할극을 활용하는 것도 효과적이다. 역할극은 대부분의 사람들이 하기 싫어하지만 영업 기술을 익히는 데는 가장 효과적인 방법이다. 역할극을 자주 하는 영업 사원들은 심리적인 융통성이 생겨 실제 영업 상황에서 아주 넓은 범위의 다양한 대응을 할 수 있게 된다. 고객사 방문 후 '아차, OO라고 말했어야 했는데…… OO를 했어야 했는데……'라고 후회한 경험이 있을 것이다. 고객 앞에서 충분한 심리적 융통성을 발휘하지 못해 이런 일들이 생긴다. 어떻게 대응할지 상황에 따라 빠르게 생각해내지 못하는 것이다. 어떤 상황에서든 취해야 할 행동, 해야 할 말을 바로 깨닫고 실행할 수 있도록 하는 것이 역할극의 목표다. 사람은 자신의 행동을 직접 보고 들을 때 가장 많이 성찰하고 성장하게 되므로 역할극 상황은 반드시 녹화를 하자.

다음은 역할극을 활용하기에 적합한 상황들이다.

- 고객 방문 시 첫 5분
- 적절한 질문으로 필요한 정보 파악하기
- 고객이 거짓말을 하거나 반대하는 상황을 극복하기
- 잠재 고객 발굴을 위한 전화 통화
- 프레젠테이션
- 견적서 검토
- 구매 가능성이 있는 고객인지 확인하기
- 협상하기

각 시나리오에서 영업 사원들이 해야 할 행동, 사용할 영업 기술, 견지해야 할 관점 그리고 고객들에게 보여줄 모습을 정리하라. 이를 문서화하고 매번 역할극을 하고 나면 각 영역에 대해 점수를 매겨보라. 물론 점수는 당사자에게 보여주지 말고 코칭 효과를 평가하는 데 활용한다.

여러 달에 걸쳐 역할극을 하다 보면 반복하는 느낌이 들어 그만두고 싶은 유혹이 생길 수 있다. 그러나 이 유혹에 굴복하지 마라. 역할극은 반복 연습 훈련이다. 스포츠팀의 코치들을 생각해보자. 그들은 팀원들의 실력이 아무리 훌륭하더라도 기본 기술에 대해 끊임없이 반복 연습을 시킨다. 운동선수들은 근육의 기억에 의해 더 빨라지고 강해지며 어려운 동작도 수행하게 된다. 당신의 영업팀도 마찬가지다. 미래의 성공은 이 코칭 세션들에 달려 있다. 영업 기회를 리뷰하는 것은 대부분 과거(이미 진행된 것들)를 돌아보거나 미래(다음 분기 고객의 구매 결정)를 예측하는 활동이다. 반면 코칭은 당신의 팀원들이 평생 동안 영업 활동을 성공적으로 할 수 있도록 도와주는 것이며 그들을 더욱 건강하고 경쟁력 있게 만들어주는 것이다.

내가 지금까지 보아온 현실은 대개 판매자들이 구매자들과 견주어 경기 참여에 늦다는 것이다. 뒤늦게 고객의 구매 과정에 참여한 영업 사원은 늦은 만큼 기회를 만회하기 위해 가격을 낮추게 되고 급기야는 고객의 신뢰를 얻는 데도 실패하고 만다. 당신의 영업 사원들은 고객이 즉석에서 계약서에 서명을 해줄 정도의 상담 능력을 가지고 있는가? 그들은 고객을 방문할 때마다 가치를 더하는 사람들인가? 아니면 물건을 납품하고 수당이나 받아가는 사람들인가? 이들이 최대한 빨리 경기에 참여하여 고객의 신뢰를 얻어내고 성과를 창출할 수 있는 근육을 키우는 것이야말로 코칭의 목적이 되어야 한다.

코칭 세션은 "목표 달성은 가능하겠는가?" "전화 통화는 몇 통이나 했나?" "후속 조치는 하고 있는가?" "약속은 몇 개나 잡았나?" 등의 질문을 하는 시간이 아니다. 이런 질문들은 앞에서 설명한 영업 기회 리뷰 미팅으로도 충분하다. 코칭 세션에서 더 자주 해야 할 질문은 다음과 같은 것들이다.

"어떤 것들을 잘했다고 생각하는가?" "여기서 얻을 수 있는 교훈은 무엇인가?" "어떤 결과를 기대하고 그렇게 접근했는가?" "어떤 것을 바꿔야 한다고 생각하는가?" "어떤 추가적인 자원이 필요하겠는가?" "어디에 기회가 있을 것 같은가?" "지금의 마음가짐이 실적에는 어떤 영향을 미치는가?" "어떻게 느끼나?" "그런 일이 있고 난 다음에 발생하는 문제는 어떤 것들인가?" "왜 그런가?" "지금은 하지 못하고 있지만 하면 좋겠다 싶은 건 어떤 것들인가?" "만일 이것을 성공적으로 해낸다면 어떤 기분이 들겠는가?" "미래를 생각해보면 어떤 것이 머릿속에 그려지는가?"

코칭을 할 때는 되도록 긍정적인 표현을 써야 한다. 공포 분위기를 조성하거나 권위를 내세우는 것은 삼가야 한다. 동일한 문제에 대한 아주 다른 두 가지 접근 방법을 아래 대화를 통해 확인해보자.

"계속해서 이렇게 체계 없이 일을 하면 모든 것이 엉망진창이 되어 통제가 불가능해질 걸세. 스트레스도 커질 테고. 왜 그렇게 정리가 안 되는지 모르겠네. 내가 다시는 이것에 대해 문제를 제기하지 않도록 해주길 바라네."

이와 견주어,

"방금 협의한 대로 매일 몇 가지 정해진 일만 잘 마무리하면 스트레스도 줄고 목표도 더 높은 수준으로 달성할 수 있을 걸세. 일도 다시 즐거워지기 시작할 테고. 오늘 협의한 대로 진행하고 다음번에 만나면 어떻게 도움이 되었는지 얘기해주게. 괜찮겠는가?"

매니저들은 영업 사원들이 자신감을 갖기를 바라는데 사실 자신감은 역량에서 나온다. 그리고 역량은 경험과 교육을 통해 실러신다. 영업 사원들이 경험을 경험으로 끝내지 말고 뭔가를 배우도록 하라. 15년 이상의 영업 경력이 있는 사람과 함께 고객사를 방문한 적이 있다. 그런데 그는 겨우 한 2년 정도 영업을 한 사람과 별반 다르지 않았다. 팀원들

중에 15년 동안 영업을 해왔지만 배움 없이 매년 똑같은 경험을 반복하는 사람은 없는가? 어떻게 해야 지속적으로 발전할 수 있을지에 대해 팀원들과 꾸준히 대화해야 한다. 그렇지 않으면 영업 사원들은 어느 정도 적당히 성공하는 순간 정체된다. 더 나아지려는 노력을 멈추는 것이다. 그들에게 지속적인 성장의 기대치를 부여하고 그들이 실제로 성장할 수 있는 환경을 마련해주는 것이야말로 당신의 목표가 되어야 한다.

한편 지나치게 욕심을 내지 않는 것도 중요하다. 변화란 조금씩 일어나는 것이고 지속적인 과정의 일부일 뿐이라는 점을 깨닫고 기다릴 줄도 알아야 한다. 만일 어떤 영업 사원에게 엄청난 변화를 기대한다면 그 사람은 당신 팀에 맞지 않는 사람일 가능성이 크다. 개가 필요한 상황에 고양이를 두고 있는 것일 수 있다.

영업 미팅도 그렇지만 코칭 세션도 녹화를 하는 것이 좋다. 역할극을 녹화해서 다시 보게 하면 팀원들의 발전에 도움이 되듯이 당신의 코칭 세션도 녹화해서 다시 보면 개선할 부분을 찾아낼 수 있다. 코칭은 세일즈 보스로서 당신의 성공과 여러 면에서 연관이 있는 기술이다. 코칭 관련 책을 많이 읽어보고 효과적인 코칭을 위한 강좌도 들어보기를 진심으로 추천한다.

때로 코칭은 그저 상대방의 얘기를 들어줌으로써 그가 자신의 생각을 다시 돌아보고 앞으로 나아갈 최선의 길을 스스로 찾게 해주는 것일 수도 있다. 이런 관점으로 코칭을 이해하면 코치로서 항상 어떤 해결책을 줘야 한다는 부담을 가질 필요가 없다. 물론 어떤 해결책을 제시해주거나 영업 사원이 가진 문제점을 해결하도록 도와줘야 할 때가 있지만 항상 그런 것은 아니다. 때로는 앞에 앉아 있는 팀원에게서 감명 받고 그가 훨씬 더 훌륭한 일을 할 수 있을 거라고 믿어주는 것이 당신의 역할일 때도 있다.

가끔은 악역을 하거나 나쁜 소식을 전해야 하는 경우도 있는데 이 또한 담담하게 해내자. 나쁜 소식을 전하는 데도 기술이 있다. 그것은 당신이 상대방을 존중하고 있음을 보여준 다음 소식을 전해도 될지 허락을 구하는 것이다. 간단한 기술이지만 상대방의 방어 본능을 줄여주면서도 전달할 메시지의 힘을 빼지 않는 방법이다. 물론 관계에 약간의 영향을 줄 수밖에 없겠지만 말이다. 예를 들면 다음과 같은 것들이다.

"얘기할 게 있는데 좀 언짢을 수 있을 걸세. 그래도 알고 있는 게 좋을 것 같아 공유하는 것이니 마음을 열고 들어줬으면 하는데, 괜찮겠나?"

"자네가 지금보다 훨씬 더 많은 것을 할 수 있다는 걸 아네. 내가 솔직하게 얘기를 해도 되겠는가? 화내지 말고 잘 들어보면 자네가 성공하는 데 도움이 될 걸세."

이런 유형의 부드러운 화법은 듣는 사람이 다음에 일어날 일에 대해 정서적으로 준비할 수 있도록 해준다. 그래서 상대방이 지나치게 날카롭게 반응해 나중에 후회할 가능성을 줄여준다.

코칭 세션 중에는 그냥 "잘했네"라는 식의 칭찬이 아니라 근거를 제시하며 칭찬해야 한다. 무엇을 했는지, 어떻게 했는지 그리고 고객이나 회사에 어떤 영향을 주었는지를 구체적으로 언급해야 한다. 예를 들어보자.

"자네가 ABC 회사의 영업 기회를 다루는 모습이 정말 인상 깊었네. 지속적으로 주요 의사 결정권자들을 이해시키고 참여를 이끌어낸 노력이 수주에 큰 도움이 되었어. 특히 CFO께 직접 전화를 걸어 과정상 중요한 정보를 얻어낸 것이 결정적이었네. 그 정보 없이는 수주가 어려웠을 걸세. 자네가 이루어낸 것에 대해 자랑스럽게 생각하게."

많은 사람들이 칭찬 같은 것은 필요 없다고 얘기하고 실제로 필요 없는 사람들도 있을 수 있다. 하지만 필요는 없다 하더라도 칭찬 받기를 싫어하는 사람은 없을 것이며 칭찬 받은 행동은 반복될 가능성도 크다.

한편 스타급 영업 사원들에게는 새롭게 도전하고 자신의 영향력을 확대할 수 있는 기회를 주어야 한다. 예를 들어 전시회 행사 계획을 맡기거나 신제품 테스트나 출시를 도와달라고 할 수도 있고, 동종 업계에서 진행하는 토론회의 패널 역할을 맡길 수도 있다. 일대일 코칭 세션이야말로 이런 제안을 하기에 좋은 기회다. 스타급 영업 사원들을 행복하게 하는 방법 중 하나는 늘 배우고 성장하고 있다고 느끼고 싶은 그들의 욕구를 존중하는 것이다. 영업 활동을 방해하지 않는 선에서 이런 기회를 최대한 많이 제공하는 것이 좋다. 이런 부가적인 활동들이 그들의 영업 역량을 키우는 데도 도움이 될 것이다.

코칭 세션은 영업 기회 리뷰 미팅만큼 형식이 중요하진 않지만 시간 낭비를 하지 않으려면 순서를 정해놓고 따르는 것이 좋다. 전형적인 코칭 세션은 다음과 같은 순서를 따른다.

- 소소한 개인적 이야기들로 정서적인 준비하기

- 이번 세션에서 무엇을 얻어낼 것인지에 대해 서로 합의하기
- 지난번 세션에서 세웠던 실행 계획들의 이행 여부 점검
- 코칭 대화(특정 이슈를 정해놓고 대화를 시작할 수도 있고, 자유로운 대화 형식으로 적절한 이슈를 찾아 코칭할 수도 있다.)
- 결과 또는 해결책 도출
- 다음번 세션까지 실행할 항목 정리
- 세션에 대한 요약 정리, 해결책과 실행 계획에 대한 합의
- 다음번 세션 일정 재확인

반드시 순서를 따를 필요는 없지만 미팅의 틀을 갖추면 시간을 더 가치 있고 의미 있게 쓸 수 있다. 코칭 세션은 그저 단순한 수다가 아님을 명심하사. 코칭 세션의 효과를 더하기 위해 고객과의 미팅을 함께하는 것도 좋다. 현장 활동을 눈으로 확인하면 코칭 효과도 커질 수 있으므로 영업 현장에서도 코칭을 많이 활용하기 바란다.

3. 고객사 방문 시 동행하기
세일즈 보스로서 당신은 언제나 팀원의 수주를 고대한다. 그런데 그들과 함께 고객을 직접 방문할 때는 이런 마음가짐이 방해가 되기도 한다. 영업 사원들이 어떤 어려운 상황에 부딪쳤을 때 바로 끼어들어 그들을 구하는 것은 너무나 쉬운 일이다. 그렇게 하면 당장은 영업 사원에게 도움이 되는 것처럼 보일 수 있겠지만 세일즈 보스로서 고객사를 함께 방문한 원래 목적을 달성할 수는 없다. 팀원과 함께하는 고객사 방문이

진짜 의미 있으려면 수주에 실패하는 일이 있더라도 방문의 영업적인 목적에 연연하지 않고 그가 더 나은 영업 사원이 될 수 있도록 교육하고 의견을 주는 일에만 집중해야 한다. 가장 훌륭한 배움은 실패에서 얻을 수 있다. 실패할 기회도 기꺼이 줄 수 있어야 한다.

팀원과 영업 현장에 나갔을 때는 모든 감각을 관찰하는 데 집중해야 한다. 주의를 산만하게 하지 말고 함께하는 사람에게 온전히 집중하라. 고객 앞에서 이 사람의 모습은 어떤가? 목소리는? 고객과는 어떻게 소통하고 예상치 못한 상황에서 어떻게 반응하는가? 어떤 기술을 활용하는가? 얼마나 진실하게 보이는가? 미팅 준비는 체계적으로 잘되어 있는가? 좋은 질문을 할 줄 아는가? 어떤 이야기로 자신의 생각을 전달하는가? www.jonathanwhistman.com에서 영업 사원과 고객사에 동행할 때 활용할 수 있는 평가지 샘플을 찾을 수 있을 것이다.

고객사 동행에는 목적에 따라 몇 가지 종류가 있다. 방문 전에 이번 방문의 목적이 무엇인지, 각자의 역할은 무엇인지 등에 대해 반드시 협의해야 한다. 고객사 동행에는 영업 사원을 가르치기 위한 교육 목적의 동행, 관찰자로서 조용하게 참관하기, 팀플레이 그리고 사전 예고 없이 진행하는 것 등이 있다.

교육 목적의 동행 : 이 경우에는 영업 사원이 관찰자 역할을 하고 당신이 전체 미팅을 주도한다. 이는 새로운 직원이 들어왔을 때 도움이 된다. 영업 사원이 어떤 습관 때문에 수주에 번번이 실패할 때도 동행하여 어떻게 하는 것이 옳은지를 직접 보여주는 것이 효과적이다.

예를 들어 나는 잠재 고객과 미팅을 할 때 되도록 많은 정보를 끌어내려면 미팅의 초반부를 매우 체계적으로 계획해야 한다고 가르친다. 그러나 영업 사원들 중에는 계획 없이 미팅에 참석해서 필요한 정보를 파악하지 못하고 미팅을 엉뚱한 방향으로 이끄는 사람들이 있다. 어떻게 미팅을 준비해야 하는지 아무리 얘기해도 실제 본인의 눈으로 진행 과정을 지켜보고 결과가 얼마나 달라지는지 확인하기 전까지는 어떻게 대화를 시작하여 어떤 질문으로 필요한 정보를 얻어내야 하는지 감조차 잡지 못한다. 역할극을 해보는 것이 도움이 되지만 그것마저도 도움이 안 되는 사람들이 있다. 이런 사람들에게 동행이 필요하다. 직접 눈으로 목격하면 그것을 얼마나 자연스럽게 진행할 수 있는지, 그 효과는 얼마나 대단한지를 이해한다.

다만 이런 유형의 동행이 그 목적을 달성하려면 사전 소통 과정이 꼭 필요하다. 당신이 왜 미팅에 동행하려는지, 그는 어떤 기술을 자세히 관찰해야 하는지를 명확히 알려줘야 한다. 방문 후에는 영업 사원이 관찰한 바를 다시 정리해서 보고하도록 하는 것이 좋다.

방문 전 영업 사원에게 다음과 같이 얘기하면 된다.

"김 과장, 나는 고객에게 어떤 솔루션을 제시하기 전에 되도록 많은 정보를 알아내는 것이 중요하다고 강조해왔네. 고객에게 정보를 얻어내는 방법 중 하나는 고객에게 일련의 질문을 하는 걸세. 이번 방문에서 자네는 내가 어떤 질문을 할 때 고객이 자신의 진짜 고민을 얘기하는지 잘 관찰하기 바라네. 자네 생각에 이런 질문을 하면 좋겠다 싶은데 내가 놓치는 게 있다면 그것도 머릿속에 기억해두게."

"잘 보고 배우게"라고 모호하게 얘기하는 것과는 차원이 다른 분명한 의사소통이다.

영업 단계마다 시기를 놓치지 않고 진행해야 할 것들이 있다. 각 단계마다 영업 사원들은 고객과 미팅하기 전에 무엇을 목표로, 미팅은 어떻게 전개할지 계획을 세우고 실제 미팅에서 그 목적을 반드시 달성해야 한다. 그런데 이것을 제대로 하지 못하는 탓에 늘 고전하는 영업 사원이 있었다. 그는 뒤늦게 낮은 가격을 들고 나타나는 경쟁자 때문에 막판에 가격 재협상을 하게 되거나 공들인 영업 기회를 놓치곤 하였다.

그와 일대일 코칭을 하면서 나는 고객에게 처음부터 가격에 차이가 있음을 부각시키는 방법을 알려주었다. 그는 머리로는 이해했지만 막상 영업 현장에 가서는 혹시나 적절한 타이밍이 아니지 않을까, 고객과의 관계를 해치지는 않을까 걱정이 되어 가격 얘기를 꺼내지 못했다. 내가 그 정신적인 벽을 깨주지 못한다면 그는 절대로 스스로 새로운 시도를 해볼 수 없는 상황이었다.

사람들이 지닌 두려움은 항상 그들의 경험에서 비롯된다. 대개의 경우 영업 사원들의 두려움은 '그렇게 하면 고객이 이렇게 받아들일 거야'라고 짐작하는 데서 출발한다. 그리고 두려움은 믿음이 되어 점점 강화된다. 이런 경우 그들과 동행하여 직접 보여주는 것이 두려움을 없애고 영업력을 높이는 데 최고의 방법이 된다.

나는 똑같은 상황, 즉 낮은 가격으로 들어올 경쟁 업체와의 싸움이 뻔하게 예상되는 고객사를 함께 방문해보자고 그에게 제안했다. 간단한 소개를 마친 다음 나는 고객에게 말했다.

"부장님, 지금까지 저희에게 말씀해주신 바에 따라 어떤 솔루션이 필요하실지를 고려해보건대 저희의 견적가가 다른 회사들보다 적어도 30퍼센트 이상 높을 것으로 예상합니다. 저희 회사 제품이 적합한 솔루션일지 아닐지는 아직 더 구체적으로 검토해봐야 알겠습니다만, 경쟁 제품 대비 30퍼센트 이상을 지불하셔야 하는 상황이 될 수도 있겠습니다."

나를 바라보는 영업 사원이 긴장하는 것을 느꼈다. "굉장히 큰 차이네요. 그렇다면 합당한 근거가 있어야 할 것 같은데요"라고 고객이 말했다. 나는 이어서 "부장님, 더 낮은 금액의 제품을 선택할 수 있는데도 많은 고객 분들이 30퍼센트 이상을 더 지불하고 군이 저희를 선택하는 이유가 무엇이라고 생각하십니까?"라고 물었다. "음…… 품질 아닐까요? 초기 도입가가 싼 제품은 항상 문제가 있습니다. 사실 최저가 제품을 선택했는데 설치 중에 문제가 너무 많이 생겨서 결국 최고가를 써냈던 업체의 가격보다 더 많은 비용이 들었던 적이 있습니다"라고 그가 답했다. 우리는 그 경험에 대해 더 구체적으로 얘기를 나누었다. 그리고 가격이 높은데도 우리 회사의 제품을 선택하기 위해서 어떤 것들이 필요한지에 대해서도 깊이 있게 논의하였다.

이후 영업 사원의 두려움은 줄어들었고 이제 그는 고객 미팅이 있을 때마다 가격 얘기도 편안하게 잘한다. 그에게 필요한 것은 교육장 밖에서의 실제 사례를 눈으로 확인하는 것이었다. 이것이야말로 교육을 목적으로 영업 사원들과 고객사 방문에 동행하는 이유다.

관찰자로서 조용히 참관하기 : 이 경우 중요한 것은 당신의 개입을 최소화하는 것이다. 물론 전적으로 입을 꾹 다물고 있는 것은 자연스럽지 못한 일이다. 그러나 당신이 미팅의 흐름에 영향을 주는 것은 의도적으로 제한해야 한다. 나중에 피드백을 주겠다는 생각으로 단순히 관찰만 하라. 이런 종류의 미팅에서는 끼어들어 미팅의 흐름에 영향을 주고 싶은 욕구를 참아내는 것이 중요하다. 관찰자로서 조용하게 미팅을 참관해보면 영업 사원이 현재의 영업 단계를 어떻게 바라보는지 그리고 실제로 현장에서 어떻게 영업을 이끌어가는지가 보인다. 동행의 목적을 달성하려면 이 경우에도 고객 방문 전 영업 사원에게 어떤 것을 관찰하고자 하는지를 미리 알려주어야 한다. 방문 후에 관찰한 바에 대해 피드백을 주는 것도 중요하다.

교육이 필요한 영역 모두가 동행의 목적이 될 수 있다. 다만 그 목적을 달성하려면 동행 후 매우 구체적으로 피드백을 주어야 한다. 관찰한 바에 따라 미팅 중에 어떤 일이 있었는지 실제 예를 들어가며 의견을 주어야 한다. 비평하는 것을 편안하게 생각하라. 영업 사원에게 일련의 질문을 던져 그가 왜 그렇게 표현했는지, 의도는 무엇이었는지 등을 상세하게 파악하는 것도 코칭을 하는 데 도움이 된다.

나는 피드백을 줄 때 추수감사절 식사를 예로 들어 상황을 설명한다. 내가 피드백을 주는 것은 추수감사절 식사를 하면서 음식에 대한 비평을 하는 것과 같은 것이라고 말이다. "이 재료가 조금만 더 들어갔더라면, 이 양념을 조금만 더 추가했더라면 좋았을 걸"이라고 말한다고 식사 자체가 별로라는 뜻은 아니지 않은가. 영업 사원들과 고객사 동행 후 내가 비평을 할 때도 그렇다. 그래서 "별로였어"가 아니라 "이렇게 하면 약간 다른 맛이 날 수도 있겠다"는 피드백을 준다. 잘했다는 것을 전제로 시작하라. 비록 완벽했다 하더라도 개선이 필요한 부분 두세 가지는 반드시 발견할 수 있을 것이다. 그것을 찾아라. 훌륭한 영업 사원들은 다른 사람의 의견을 고맙게 생각한다.

일례로 사람들과 쉽게 관계를 발전시키고 수주도 잘하는 한 영업 사원과 함께 고객사를 방문한 적이 있다. 그때 영업 사원은 아직 초기 영업 단계인데도 고객에게 선뜻 샘플을 제작해주겠다고 제안했다. 샘플 제작은 몇 주가 걸리는 일이었다. 그가 샘플 제작을 제안하자 고객은 당연히 좋아했고 샘플 제작자에게 무엇을, 언제까지, 어떻게 보내줘야 할지에 대한 구체적인 협의와 함께 미팅은 금방 끝이 났다.

그는 당연히 그 영업 기회를 성공적으로 수주할 것이다. 그러나 고객이 미리 요청하지도 않은, 몇 주씩이나 걸릴 샘플 제작을 아무 대가 없이 제안함으로써 그는 불필요하게 수주를 지연한 셈이 되었다. 고객사에서 돌아온 다음 우리는 그런 식으로 빨리 결론을 내기보다 고객에게 질문을 던져 알아냈으면 좋았을 추가적인 정보들에 대해 얘기를 나누었다. 그는 수긍하였고 그 후부터 그는 샘플 제작처럼 회사에 추가적인 비용을 발생시키는 제안을 하지 않고도 훨씬 빨리 주문을 받을 수 있었다.

이제 그는 고객의 요청이 있을 때, 그리고 반드시 필요한 경우에 한하여 다음 단계(예를 들어 샘플 테스트 후 2주 이내 발주)에 대한 약속을 받아낸 후 샘플을 제공한다. 이것이야말로 팀원들과 고객사를 함께 방문하면서 당신이 관찰한 바를 토대로 팀의 실력을 끌어올리는 좋은 예다. 이런 것들은 교육장 교육만으로는 절대 발견할 수 없다.

또 다른 한 영업 사원이 고객사의 안내 데스크 담당자를 아주 차갑게 대하는 것을 본 적이 있다. 명함을 내어주고 누구를 만나러 왔는지를 말한 다음 그는 간단한 대화조차 없이 응접실 의자에 조용히 앉아 있었다. 고객 방문을 마치고 우리는 안내 직원과의 대화를 통해 얻을 수 있는 정보들에 대해 얘기를 나누었다. 그렇게 듣는 고객사 관련 소식이나 정보가 영업 활동에 어떤 도움을 줄 수 있는지에 관해 많은 얘기를 나누었고 그도 수긍하였다. 그 이후부터 그는 고객사의 안내 직원과 친해지려고 노력했고 그를 아군으로 만든 덕에 여러 가지 이점을 누릴 수 있었다. 직원들과 함께 고객사 방문에 동행하면서 관찰하는 아주 조그만 것들도 이렇게 영업 실적에 영향을 줄 수 있음을 꼭 기억하자.

영업 사원들의 고객사 방문에 동행하는 것이 주는 또 다른 이점은 당신도 배울 수 있다는 점이다. 탁월한 영업 사원이 고객을 상대로 실행하는 것들을 관찰하고 회사로 돌아와 다른 팀원들과 공유한다면 그것이야말로 유익한 사례 교육이 될 것이다.

2인조 팀플레이하기 : 이 경우 당신은 미팅에 주체로서 참여한다. 매우 중요한 영업 기회에 활용하는 방법으로 동행의 목적은 수주를 돕는 것이다. 이 경우 당신은 영업 사원을 가르치기 위해서가 아니라 세일즈 보스로서 당신의 존재와 권한을 전적으로 수주에 활용하기 위해 그 자리에 있는 것이다. 주로 중요한 협상 시점에 일어나며, 보스가 동행할 만큼 당신 회사가 신경을 쓰고 있다는 점을 고객이 인정할 때만 그 가치가 있다. 영업 사원을 믿지 못해 따라온 매니저로 보인다면 오히려 역효과가 날 수도 있다.

사전 예고 없는 동행 : 대부분의 경우 영업 사원들과는 미리 계획을 하고 고객사에 동행한다. 그러나 세일즈 보스로서 당신은 때로 영업 사원과 사전 협의 없이 미팅 시간에 임박해 동행 의사를 밝힐 수 있다. 물론 당신 회사가 어떤 비즈니스를 하는지, 팀원의 활동 위치가 어디인지에 따라 가능할 수도 있고 아닐 수도 있는 시나리오다. 그러나 오후 늦게 팀원에게 전화를 걸어 "미리 잡혔던 약속이 취소되어 내일 하루 일정이 비네. 내일은 자네 일정에 동행하고 싶은데 몇 시에 어디서 만나면 좋겠는가?"라고 하면 된다. 이때 최소한의 현실적인 시간을 주는 것이 핵심이다.

이렇게 사전 계획 없이 영업 사원들과 동행해보면 그들이 평소 어떻게 하루를 보내는지 알 수 있다. 예상보다 고객 방문이나 통화 횟수는 적고 영업 활동과 관계없는 일은 많을 것이다. 너무 급작스럽게 연락해서 동행이 어렵다고 한다면 탐지기 레이더를 경고 모드로 변경해야 한다. 사전 예고 없이 하는 이 동행은 사전 준비 시간을 줬을 때의 꾸민 모습이 아니라 있는 그대로의 실제 모습을 보기 위한 것임을 명심하자.

내가 실제로 한 영업 사원에게 다음 날 일정이 취소되어 그와 동행할 거라고 전화했을 때 그는 다음 날 일정이 자신의 집 근처에서 잡혀 있다고 했다. 우리는 공항에서 만났고 최근 우리 회사의 대형 설비를 구매한 고객을 만나러 출발했다. 그의 말에 따르면 미팅의 목적은 납품 후 프로젝트 진행 상황이 어떤지 확인하는 것이었다. 건물 입구에서 만난 공장의 매니저는 납품된 설비가 설치된 건물로 우리를 안내하기를 꺼렸다. 알고 보니 설비는 일주일 내내 문제를 일으키고 있었고 우리 회사의 기술자가 현장에 와 있었다. 기술자의 오늘 일정이 분명 시스템에 들어가 있었는데도 영업 사원은 깜짝 놀라는 눈치였다. 고객사 방문 계획이 없었던 것임이 분명했다. 물건을 구매해준 고객에게 이렇게 한다면 잠재 고객에게는 과연 어떻게 하겠는가? 시간이 흐르면서 내 추측이 옳았음이 증명되었다.

그날 오후에는 본인이 연결을 시도하고 있는 잠재 고객사 한 곳을 방문할 예정이라 했다. 해당 고객사가 상당히 규모 있는 업체이기도 하고 그의 집과 가까운 곳에 있어서 배경 설명을 좀 해달라고 했다. 그런데 그는 몇 달 동안 노력 중인데 아직 전화 연결조차 안 된다고 했다.

우리는 그 회사로 찾아가 담당자의 이름을 대며 그를 찾아왔다고 했다. 그런데 경비원은 사전 약속이 되어 있지 않으면 출입할 수 없다고 했다. 영업 사원은 담당자 만나기를 포기하고 차를 뺐다. 나는 직접 담당자에게 전화를 걸어 우리가 가까이 와 있으니 잠시 만나달라 제안을 해보자고 했다. 영업 사원은 고객관계관리 시스템을 열어 한 십여 분간 헤매더니 드디어 전화를 걸었다. 그런데 잘못된 전화번호였다. 그가 지난 수개월간 고객사 담당자에게 연락을 시도했다는 것은 거짓임이 분명했다. 그리고 고객관계관리 시스템에 로그인한 지도 오래되었음이 확실했다. 내 전화를 이용해 Siri(아이폰의 음성 서비스)에게 전화번호를 물어 전화를 걸었다. 전화 안내 직원에게 담당자를 바꿔달라고 했는데 안내 직원은 그가 이미 6개월 전에 회사를 그만두어 연결할 수 없다고 했다.

진실이 밝혀졌다. 이 영업 사원은 일을 하고 있지 않았다. 당신이 사전 예고 없이 영업 사원들의 고객 방문에 동행할 때는 이런 황당한 일을 겪지 않기를 바란다. 가끔 매니저가 충분한 사전 예고 없이 동행할 수 있음을 아는 것만으로도 영업 사원들의 기강을 더 바르게 세울 수 있다.

"저는 그런 종류의 사람을 절대 팀에 두지 않습니다. 저는 프로들을 고용하고 그들이 성인으로서 행동하기를 기대합니다. 보모가 되고 싶지는 않습니다"라고 말하는 세일즈 매니저들이 있다. 동의한다. 그런데 문제는 아무리 프로들이라 해도 약간의 보모 역할은 필요하다는 것이다. 자율 주행 모드로 편안하게 가고 싶은 것이 인간의 본성이기 때문이다.

일반적으로 팀의 최고 성과자들과는 일 년에 최소한 두 번, 관찰자로서 고객 미팅에 동행할 때 가장 큰 효과를 낸다. 새롭게 키워가는 잠재력 있는 스타들과는 좀 더 자주, 한 달이나 분기에 한 번씩 동행하는 것이 좋다. 팀원들을 질리게 하지 않는 선에서 되도록 최대한 자주 하는 것이 좋다. 일주일에 두세 번, 일 년에 100일 이상 영업 사원들과 동행하는 것이 세일즈 보스들에게는 아주 일반적이다. 아무리 영업을 잘하는 사람이라도 세일즈 보스의 동행이 일 년 내내 불필요한 경우는 없다. 팀이 너무 커서 모든 직원들과 동행하기 어렵다면 대신할 외부 컨설턴트를 활용하는 것도 고려해볼 만하다. 당신의 팀은 이 실전 코칭 없이는 절대 최고의 실적을 낼 수 없다.

전화 통화로 영업을 하는 경우라도 영업 사원의 통화를 들어보고 의견을 줄 수 있는 방법을 찾아야 한다. 일부 통화를 녹음하여 영업 사원들과 함께 다시 들으며 분석하는 것도 고려해볼 만한 방법이다.

어떤 부분에 대해 가르쳐주겠다고 제안하면 대부분의 팀원들이 "아, 저는 벌써 그렇게 하고 있는데요"라고 한다. 그런데 실제는 아닐 수 있다. 영업 사원들과 함께 현장을 나가봐야만 "자네는 실제로 이렇게 하고 있네"라고 얘기할 수 있다. 그들이 스스로 하고 있다고 생각하는 것과 실제로 실행하고 있는 것의 차이를 분명히 하는 것이야말로 코칭에 도움이 된다. 고객사 동행 후 정기적으로 역할극을 하면 팀원들은 더욱 확신을 가지고 고객 앞에서 융통성 있게 대응하는 능력을 갖게 된다. 고객 앞에서 더 빠르게 생각하고 더 정확하게 대응할 수 있게 되는 것이다.

지금까지 세일즈 보스로서 당신이 진행해야 할 공식적인 미팅들에 대해 얘기했다. 이들 계획된 미팅 말고도 전화로 진행하는 간단한 의사소통도 자주 할 필요가 있다. 미리 일정을 잡고 진행하지 않더라도 이런 간단한 의사소통은 영업 사원들에게 당신이 그들에 대해 늘 생각하고 있다는 사실을 알려준다. "김 과장, A 회사 황 이사님과 중요한 미팅이 있었던 걸로 기억하네. 어떻게 진행되었는지 궁금한데 얘기 좀 해주겠는가?" 또는 "급히 출장을 떠났는데 기차 시간에는 별문제가 없었는가?" "최근 재미있는 화젯거리는 뭔가?" "B 고객사에 시연 계획이 있었던 걸로 기억하네. 시연은 어떻게 진행되었나?" 이런 소소한 비공식적인 소통을 자주 하면 팀에서 일어나는 일에 늘 관여할 수 있고 팀의 온도도 감지할 수 있다.

정기 미팅 일정을 계획적으로 잡고 꾸준히 실행하면 "지금 시간 좀 있으세요?"로 시작하는 미팅을 피할 수 있다. 시간 좀 있냐는 말로 시작해 방문 앞에 서서 하는 미팅이야말로 시간을 잡아먹는 귀신이다. 사람들이 정기 미팅에 대해 생각해보고 계획하고 준비하도록 하면 이런 무계획적인 미팅은 줄여나갈 수 있다.

팀원들 개개인과 일대일 대화에 관심을 갖고 집중하면 전통적인 세일즈 매니저들이 얻을 수 없었던 수준의 로열티와 헌신, 실적을 얻을 수 있다. 세일즈 보스로서 당신은 자신이 할 수 있다고 지금까지 믿어왔던 것 이상을 이루어내기 위해 끊임없이 성장하고자 노력하는 팀을 갖게 될 것이다. 그리고 그들은 당신과 함께 일하는 것을 자랑스러워할 것이다.

실적은
공개적으로,
격려와 자극은
개인적으로

영업 프로세스가 어떠해야 하는지, 어떤 지표들로 영업 사원들의 활동과 실적을 관리해야 하는지를 이해했다면 일단 영업 관리의 기본을 갖추었다고 볼 수 있다. 이렇게 기본을 갖추고 나면 영업 사원들의 영업 활동과 실적을 공유해야 한다. 고객관계관리 시스템을 잘 활용하고 있다면 각 지표를 이해하기 쉬운 그래프로 만들어 대시보드 형태로 공유할 수 있다. 대시보드는 사무실 내 대형 TV 스크린을 통해서도 실시간으로 보여주고, 각 지표는 다른 팀원들과 견주어 자신의 실적이 어떠한지를 알 수 있도록 개별 영업 사원 단위로도 보여주어야 한다. 이렇게 하면 앞부분에서 얘기했던 사람의 본성, 즉 소속감과 경쟁심을 십분 활용할 수 있다.

어떤 사람의 이번 달 실적이 나빠 매출액 순위에서 네 번째에 이름이 올랐다고 치자. 그는 '이번 달 실적이 나쁘긴 하지만 아주 나쁜 건 아니야'라고 생각하며 순위를 올리기 위해 더 열심히 노력할 것이다.

공개해야 할 것은 매출 실적만이 아니다. 팀에 중요한 모든 지표들의 순위도 함께 공개하라. 영업 기회 발굴을 위한 전화 통화나 고객 방문 횟수, 제품 시연 횟수, 실주 고객 수, 전체 견적 금액, 수주/실주 비율, 마진 등이 그 대상이 될 수 있다. 이렇게 공개하는 데이터를 보면서 팀원들은 자신의 활동이나 실적 중에 어떤 것들이 중요한지를 이해하게 된다. 한편 임의적으로 선정한 지표들이 때로 의도하지 않은 결과를 내기도 하는 점에 주의해야 한다.

예를 들어 견적 건수를 강조할 경우, 영업 사원들이 제대로 걸러지지 않은 잠재 고객들에게 견적을 남발할 수 있다. 그렇게 되면 견적 후 처리 사항이나 지원 업무가 많아져 다른 팀원들에게 돌아가는 부담이 늘어난다. 그러므로 평가 지표는 균형 있게 만들어야 하고 팀원들이 각 지표의 의미를 정확히 이해하고 그에 맞게 자신의 영업 활동을 해나가도록 해야 한다. 그렇게 해야 양적, 질적 측면에서 좋은 결과를 낼 수 있다. 물론 가장 중요한 지표는 최종적으로 회사로 들어오는 돈, 즉 매출액이다. 다른 어떤 지표보다도 영업 사원에게는 최종 결과인 매출액이 중요하다.

이렇게 실적은 공개하는 것이 맞지만 개별 영업 사원의 저조한 실적을 공개적으로 언급하는 것은 적절하지 않다. 실적에 대해 논의할 때는 팀이 전체적으로 어떻게 실적을 올릴 수 있을지에 대해 논의하고 개별 영업 사원들에 대해서는 긍정적인 부분만 언급해야 한다. 실적이 저조한 특정 영업 사원에 대한 이야기라면 되도록 개별 면담을 통하도록 하

라. 이것이야말로 실적은 공개하되 팀원 각자의 감정은 존중하여 균형을 잡는 방법이다. 전체 팀원들의 실적표를 공개하면 억지로 압박감을 조성하지 않더라도 영업 사원들은 경쟁적인 본성 때문에 스스로 압박을 느끼고 더 나은 결과를 내고 싶은 동기를 자연적으로 갖게 될 것이다.

미팅 중에 시각적인 대시보드를 효과적으로 활용하는 방법 중 하나는 대시보드가 보이는 곳에서 미팅을 진행하는 것이다. 대시보드의 숫자들에 대한 질문을 적절히 던지고 팀원들이 그 의미를 생각해보게 하는 것이야말로 세일즈 보스의 중요한 역할이다. 이번 분기 중 고객(사)에게 나가는 견적서의 수와 금액을 보았을 때 다음 분기의 매출 결과가 어떨 것으로 예측되는가? 신규 고객으로의 매출은 증가하는데 잠재 고객 발굴 활동이 줄어드는 것에는 무슨 상관관계가 있는가? 현재의 성공을 지속하려면 어떤 것들에 중점을 두어야 하는가? 여러 지표를 보았을 때 이번 주에 우리가 중점을 둬야 할 가장 중요한 활동은 어떤 것들인가?

세일즈 보스는 관련 지표들을 인정하고 받아들이며, 상황을 진단하고 팀원들을 코칭하고 가르치는 데 그 숫자들을 활용한다. 더 나아가 지표들이 시장 상황과 자신의 팀원들에 대해 어떤 것들을 말해주는지를 이해한다. 이것은 마치 의사들이 질병의 원인을 찾는 데 혈액검사 결과를 활용하는 것과 같다. 혈액검사 결과가 그 자체로 의미가 있는 것이 아니라 그것을 활용하여 병을 찾아내고 치료 계획을 세우고 실행하는 것이 중요한 것처럼 당신이 공개하는 데이터의 존재 이유를 명확히 해야 한다. 한편 실적을 공개하면 팀원들은 실적과 순위에 대해 강조하지 않아도 스스로가 알아서 관심을 갖는다. 굳이 얘기하지 않아도 본인들이 실적을 매일매일 확인하고 신경을 쓰게 되는 것이다.

사람들에게 동기를 부여하는 요소는 개인적으로 모두 다르다. 따라서 팀원들이 높은 수준의 성과를 내게 하려면 영업 사원들 각각에 대해 각기 다른 동기부여 방법을 찾아야 한다.

일반적으로 고성과자들은 다른 사람뿐만 아니라 자기 자신과도 경쟁한다. 기존에 본인이 달성했던 숫자를 깨려고 노력하는 것이다. 또 어떤 사람들은 지속적으로 배우고 새로운 것을 경험하는 것에 동기부여된다. 팀원들과 개인적인 유대 관계를 가지게 되면 그들에게 어떻게 동기를 부여할지 계획을 세울 수 있다. 팀원들 개개인이 무엇에 동기부여되는지 예리한 관찰과 개인적인 대화를 통해서 발견해보자.

함께 출장을 갔던 어떤 영업 사원이 자신의 취미에 대해 얘기한 적이 있다. 애완견 대회에 나가 자신의 개가 최우수상을 받았을 때 얼마나 기뻤는지를 얘기했다. 대화를 이어나가며 그가 자동차를 수집하고 있고 주말에는 자동차 쇼 관람을 즐긴다는 것도 알아냈다. 그가 무엇에 동기부여 되는지를 이해하는 데 이런 것들이 어떤 도움이 되었을까? 그에게는 인정받고 싶은 뿌리 깊은 욕구가 있었다. 그는 최고로 인정받기를 원하는 사람이었고 나는 그의 취미를 통해 그의 동기 유발 요인들을 파악할 수 있었던 것이다.

내가 그의 세일즈 보스였다면 그가 좋은 성과를 냈을 때 트로피나 고급 시계, 이름이 새겨진 셔츠 같은 것을 지급했을 것이다. 그런 사람들에게는 자랑스럽게 자신의 성공담을 얘기할 수 있는 어떤 확실한 물건을 주는 것이 동기부여가 된다. 거실에서 손님 앞에 앉아 애완견 쇼나 자동차 쇼에서 상으로 받은 리본을 손으로 가리키는 그의 모습을 머릿속에 그려보라! 얼굴에 가득한 미소와 그의 말에 담긴 감정이 느껴지는가? 그렇다면 그가 영업에 성공했을 때에도 같은 경험을 할 수 있게 할 방법을 찾아보라. 그것은 그에게 적합한 동기부여 방법이 될 것이다.

감정적인 것이든 물질적인 것이든 아니면 심리적인 것이든 간에 사람은 자신이 원하는 바, 즉 욕구를 충족하기 위해 열심히 일한다. 원하는 것이 있다는 것은 겉으로 표현하지 않더라도 어떤 압박감을 만들어낸다. 영업 사원은 그 압박감에서 벗어나기 위해, 자신의 욕구를 충족할 그무엇인가를 위해 일한다.

함께 출장을 간 적이 있는 또 다른 영업 사원은 메모용 노트 한쪽에 아이들 사진을 끼워두고 있었다. 저녁을 함께 먹을 때 그의 대화 내용은 온통 아이들과 그들이 하는 활동에 관한 것들이었다. 그는 아이들이 소속된 스포츠팀을 코칭한 얘기를 했다. 아이들이 새로운 기술을 배워 처음으로 그 기술을 해낸 순간에 대해 얘기할 때 그가 아이들을 얼마나 자랑스러워하는지 느낄 수 있었다. 그리고 나중에 함께 출장을 갔을 때 그는 자신이 교회에서 멘토로 활동하며 결혼 생활에 어려움을 겪는 부부들에게 도움을 주고 있다고도 했다.

이 이야기를 통해 나는 그의 동기를 이해할 수 있었다. 분명 이 사람의 동기는 누군가를 가르치고 돌보는 데 있기에 현명한 세일즈 보스라면 그가 회사에서도 이와 비슷한 경험을 할 수 있도록 할 것이다. 새로 입사한 영업 사원을 가르치도록 해도 좋고 일부 영업 미팅을 주관하도록 하는 것도 좋은 방법일 것이다.

코칭 세션 중에 사람들에게 동기부여가 되는 언어를 쓰는 것도 좋다. 예를 들어 다음과 같은 대화는 중요한 존재로 인정받고 싶은 욕구를 충족해주고 동시에 해당 영업 사원에게 동기를 부여하는 힘도 발휘한다.

"조 차장, 자네는 고객들과 *끈끈한* 관계를 만드는 능력이 정말 뛰어나. 다른 팀원들도 자네의 그런 면을 존경하지. ○○○ 고객 건에 대해 어떻게 영업을 진행했는지 다음번 미팅에서 팀원들에게 얘기해주면 좋겠네. 특히 각 이해 당사자들과 그 짧은 시간에 어떻게 친밀한 관계를 만들었는지에 대해서 말이야."

사람들이 어떤 때 자부심으로 가득 차는지, 어떤 말을 할 때 에너지가 충만해지는지를 잘 살피고 들어보면 동기부여 요소가 무엇인지를 이해하는 데 도움이 된다. 일반적으로 사람들을 동기부여 하는 요소에는 삶의 질, 여가 시간, 인정, 신뢰, 위신, 안정감이나 더 많은 재량과 융통성, 도전과 성취, 소속감, 권위, 자존감, 쓸모 있다거나 발전하고 있다는 느낌, 보상, 승진 등이 있다. 이것들은 모두 내적인 동기에 영향을 주는 외적인 요소들이다. 무엇이 팀원 하나하나에게 동기를 부여하는 요소인지 찾아내서 채워주고 그것을 영업 성과로 연결할 수 있는 다양한 방법을 찾아내기 바란다.

격려하고 동기부여 하는 환경을 만드는 것이 바람직하지만, 반대로 부정적인 방법으로 동기부여를 시도하는 경우도 있다. 부정적인 방법의 동기부여가 어떤 영향을 미치는지에 대해서도 이해할 필요가 있다. 승인을 보류하거나 제재나 벌을 가함으로써 변화를 이끌어내는 것이 그 예다. 그러나 이런 시도는 개인이나 팀에 상처를 남긴다. 또 부정적인 접근 방법은 시간이 지날수록 그 효과가 줄어든다.

부모가 매사에 항상 목소리를 높이고 고함치는 가족을 생각해보라. 시간이 지나면서 아이들에게 어떤 일이 일어나는가? 결국 아이들은 부모의 극단적인 감정을 무시하게 된다. 반대로 항상 침착하고 냉정한 부모가 아주 드물게 한 번 목소리를 높이는 경우 어떤 일이 일어나는가? 아이들은 부모의 말을 아주 진지하게 받아들일 것이다. 부정적인 동기부여 방법은 되도록이면 쓰지 않는 게 좋다. 만일 써야 할 경우가 있다면 일부러 의도한 것이어야 하고 절대로 평정심을 잃지 말아야 한다.

요약하자면, 세일즈 보스는 영업 활동과 실적을 공개적으로 공유해야 한다. 이때 공개하는 지표는 영업 성과와 명확한 연계성이 있어야 한다. 한편 세일즈 보스는 영업 사원 개개인을 동기부여 하는 요소가 무엇인지 찾아내어 그것을 어떻게 채워줄지 계획을 세워야 한다. 당신은 현재 맡고 있는 팀의 구성원 개개인을 동기부여 하는 요소가 무엇인지 당장 써 내려갈 수 있는가? 그리고 왜 그렇게 생각하는지 설명할 수 있는가? 증거를 보여줄 수 있는가? 이제 각 팀원들을 동기부여 하는 환경을 어떻게 만들어줄지 계획을 세워보자.

PART 5

지속적인
성공을 위하여

규칙이 아니라
원칙으로
조직을 이끌어라

한 고객사의 사무실로 걸어 들어가다가 사무실의 장식이 너무나 정교하고 아름다워서 감동을 받은 적이 있다. 비싼 원목과 마감재로 꾸민 최고급 변호사 사무실을 상상해볼 때 떠오르는 그런 모습이었다. 고객을 만나기 전에 화장실을 이용하였다. 화장실도 너무나 훌륭했다. 그런데 거울에 망측한 내용이 인쇄된 종이가 붙어 있었다.

"손을 씻으세요."

화장실 문에도 종이가 조잡하게 붙어 있었다.

"물은 내렸습니까?"

사무실로 돌아왔을 때 복사기 옆, 휴게실 등 모든 공간에 어떤 행동을 지시하는 문구가 적힌 종이가 붙어 있었다. 대체 얼마나 많은 사람들이 굳이 그런 문구를 붙여놔야 할 정도로 변기의 물을 내리지 않는지, 얼마나 많은 사람들이 용변 후 손을 씻지 않으며, 접시를 사용한 후 제

자리에 갖다놓지 않거나 복사기의 용지를 채우지 않는지 궁금하였다.

생각건대 문제를 일으킨 사람들은 아주 일부였을 것이다. 그런데 사무실 관리 책임자는 문제를 일으킨 몇몇 사람들에게 경고를 주기보다 모든 사람에게 적용할 규칙을 만들어 곳곳에 붙이기를 선택했다. 일부 세일즈 매니저들에게서 이와 같은 습성을 발견하곤 한다. 단 한 사람의 문제인데도 직접 당사자를 통해 문제를 해결하기보다 전체 영업팀에 적용할 새로운 규칙이나 정책을 만들어버리는 식이다. 이는 세일즈 보스가 쓰는 방식이 아니다.

최고의 세일즈 보스들은 규칙보다는 원칙으로 팀을 이끈다. 그들은 팀원들이 올바른 결정을 할 것이라 믿는다. 어떤 사람이 원칙에 맞지 않는 행동을 하면 그때그때 상황에 맞게 처리한다. 그러나 대부분의 조직에서는 원칙보다는 규칙을 앞세운다. 예를 들어 많은 영업 조직은 숙박이 필요한 출장을 가는 경우, 영업 사원이 쓸 수 있는 돈을 미리 정해놓는다. 호텔, 아침, 점심, 저녁 식사 그리고 고객과 함께하는 식사비 등으로 각각 얼마를 쓸 수 있는지를 회사가 정해놓는 것이다. 그런데도 출장지에 따라 정해놓은 금액이 과연 적당한지에 대해 영업 사원과 매니저 또는 관리팀 간에 의견 충돌이 자주 발생한다.

내가 아는 한 회사는 이 문제를 독특한 방식으로 해결했다. 출장을 갈 경우 검소하게 지출하고 절약하는 금액은 다른 항목의 복리후생비로 지급한다는 원칙을 세운 것이다.

'책정한 출장비 예산 중 사용하지 않은 금액은 회사의 다른 복리후생 프로그램으로 전환하여 사용할 수 있다.'

이것은 간단한 원칙이었다. 이것 말고는 어떤 부가적인 규칙도 만들지 않았고 다만 매달 영업 사원들이 지출하는 일일 평균 출장비를 공지하였다. 경비를 많이 쓰던 사람들의 습관에 어떤 변화가 생겼을까? 시간이 갈수록 그들은 자신의 출장비를 조절하기 시작했고 사람들은 평균 금액을 마치 '표준' 금액으로 생각하게 되었다. 재미있는 것은 이 '표준' 금액이 회사가 부가 규칙을 만들었다면 정해졌을 금액보다 적었는데도 금액이 적다고 열받는 사람이 아무도 없었다는 사실이다.

어느 정도까지 규칙 없이 원칙만으로 운영할 것인지는 회사의 규모나 문화에 따라 달라진다. 하지만 되도록 원칙으로 조직을 이끌어라. 회사 밖에 나가면 당신의 팀원들도 자기 삶의 모든 면을 스스로 알아서 관리하고 주도하는 사람들이라는 점을 기억하자. 그들은 회사에서도 원칙들만 제대로 이해한다면 충분히 책임감 있게 스스로를 관리할 수 있는 사람들이다. 별도의 휴가 일수, 근무시간을 정하지 않고 '직원들은 자신이 맡은 임무를 완수하기 위해 열심히 일하고 균형 잡힌 삶을 산다'라는 원칙만 세우고 운영하는 회사들도 있다. 이런 경우에도 회사의 시스템을 남용하는 예는 거의 찾아볼 수 없다고 한다.

스마트폰이 우리 삶의 한 부분이 되면서 일하는 습관이 얼마나 바뀌었는지 생각해보자. 기계에 비유하면 우리의 직원들은 항상 '켜진 상태'에 있다. 밤낮으로 거의 모든 시간대에 고객을 상대하고 그들의 요구에 대응한다. 물론 자리에 앉아 전화로 영업을 하는 조직은 근무시간을 정하는 것이 필요할 것이다. 고객사 방문을 주로 하는 외부 영업 사원들은 일의 특성상 차편으로 이동하는 시간도 많고 집을 떠나 있을 때도 많다.

거의 하루 종일 일을 하는 것이나 다름없다. 이렇게 일주일 내내 돌아다니는 사람들에게 금요일에는 회사로 꼭 들어와서 오후 5시까지 근무시간을 채우라고 요구하는 것이 말이 되는가? 영업 사원들에게는 시간 활용의 융통성을 주어야 한다. 그들도 자기 자신이나 가족을 위해 꼭 필요한 시간이 있다. 중요한 미팅이 있거나 사무실에 꼭 있어야 할 이유가 있을 때만 사무실에 있으라고 요구하라. 출장을 다녀온 뒤에 개인적인 일 처리를 위해 시간을 쓴다면 그것은 일을 하지 않는 것이 아니라 이미 쓴 시간을 되돌려 받는 것이다.

출장과 관련해 규칙보다는 원칙을 정하는 게 좋다고 얘기했다. 그런데 영업 사원들에게 우리가 무엇을 요구해야 하는지 좀 더 생각해봤으면 한다. 실적이 뛰어난 영업팀은 구성원들에게 매주 집을 떠나 출장을 다니라고 강요하지 않는다. 그런데도 영업 사원들에게 월요일 아침에 출장을 떠나 목요일 늦게 또는 금요일 일찍 돌아오라, 그리고 그것을 매주 반복하라고 요구하는 회사들이 많다. 출장이 아니더라도 주간 몇 회의 고객 방문 목표를 정해놓고 방문 횟수만으로 영업 사원의 활동을 평가하는 회사들도 많다. 만일 이것이 당신 팀의 업무 리듬이라면 장기적으로 다음과 같은 부정적인 결과를 초래할 것이다.

- 판매 활동을 제대로 계획하고 준비하지 못한다.
- 관심을 보이는 아주 초기 단계의 고객에 대한 대응을 제대로 하지 못한다.
- 에너지가 고갈되어 결국 실적이 악화된다.

결혼하거나 아이를 갖게 되면 누구도 일주일 내내 길에서 떠도는 생활을 하고 싶어 하지 않는다. 결국 유능한 사람들은 좀 더 균형 잡힌 일정, 자율성과 융통성을 허락하는 회사를 찾아 떠날 것이다. 그런데도 조직에 오래 머무는 사람은 다른 대안이 없기 때문이다. 그들은 분명 실적이 저조한 사람들일 것이다.

세일즈 보스가 되고 싶다면 되도록 규칙 대신에 원칙을 사용하라. 나는 신성한 리듬에 대해 계속 얘기해왔다. 신성한 리듬은 깰 수도, 바꿀 수도 없는 것이다. 그 밖의 것들은 재량에 따라 달라질 수 있다. 원칙을 제대로만 쓴다면 팀원들은 삶의 균형에 대해 감사할 것이고 당신이 만든 신성한 리듬을 존중하고 지킬 것이다.

IT 기술로
조직의 효율성을
극대화하라

나는 데이터를 입력하거나 보고서를 쓰는 등의 관리적인 일을 좋아하는 영업 사원을 만나본 적이 없다. 그러나 세일즈 보스와 경영진은 예상 매출액 산정, 재고 예측, 그 밖에도 많은 경영 활동과 의사 결정을 위해 영업 사원들의 활동 상황을 알고 있어야 한다. 그러려면 영업 사원들이 IT 시스템을 제대로 받아들여 활용하도록 하는 것이 매우 중요하다.

　영업 사원들의 IT 시스템 활용도를 높이려면 그들이 IT 시스템을 사용하게 되면 본인들의 할 일이 줄고 업무의 효율성이 높아진다는 것을 알아야 한다. 즉, 그것이 당신이나 경영진을 위한 것이 아니라 그들 자신을 위한 것이라 믿어야 한다. 그러기 위해서는 처음부터 영업 사원들이 쓰기에 편하도록 시스템을 만들어야 한다.

　팀원들이 시스템을 쓰는 것은 매우 중요하며 절대 선택 사항이 될 수 없음을 알게 하라. 중요한 데이터를 입력하지 않고 있다면 독촉 메시지를 자동으로 발송하고, 며칠씩 시스템에 접속하지 않는다든지 영업 기회가 부족해도 메시지가 발송되게 하라. 신기하게도 시스템이 메시지를 보내주면 당연하게 받아들이지만 사람이 독촉하면 잔소리로 들린다.

시스템을 사용하지 않으면 불이익을 줄 필요도 있다. 실적급 비율을 조금씩 줄인다든지 상습적으로 시스템을 사용하지 않는 사람에 대해서는 전 직원에게 주는 보너스 대상에서 아예 제외하는 회사들도 보았다. 영업 사원들에게 시스템 사용은 선택의 여지가 없는 일이다. 회사에 남아 있고 싶으면 사용해야 하는 필수적인 것이다. 극단적인 예이긴 하지만 적절한 교육과 코칭을 했는데도 지속적으로 시스템 사용을 거부하는 사람이 있다면 해고까지도 각오해야 한다. 진짜 영업을 잘하고 대체가 불가능한 사람이라면 관리 보조 요원을 붙여서라도 시스템을 활용하도록 해야 한다.

중요한 것은 팀을 운영하는 데 필요한 데이터를 얻는 것이다. 하지만 고객관계관리 시스템 뒤에 숨어서 데이터만으로 팀을 관리하는 것은 절대 금물이다. 고객관계관리 시스템을 들여다보는 데 하루 한 시간 이상을 쓰고 있다면 본인이 일을 제대로 하고 있는지 재고해봐야 한다. 절대로 시스템의 멋진 그래프들이 판매를 대신해주지는 않는다.

시스템은 사용자 편의성을 높이고 데이터를 이중 입력하는 일이 없도록 하여 영업 사원들이 편하게 쓸 수 있도록 해야 한다. 또 영업 사원들이 이미 입력한 데이터여서 시스템에서 확인할 수 있는 정보라면 별도로 요청하는 일이 없어야 한다. 영업 사원들에게 모든 영업 기회들에 대해 정확한 최신 정보를 입력하도록 지시해놓고도 수시로 전화를 거는 관리자들이 있다. 고객관계관리 시스템에 입력된 수주일이 분명 이번 달이어서 대시보드에서 바로 확인할 수 있는데도 전화를 걸어 "이번 달에 수주되는 거 맞나?"라고 물어보는 식이다.

영업 조직이 활용할 수 있는 IT 시스템이나 툴의 종류는 많고 그것을 나열하는 것은 이 책의 범위를 벗어나는 일이다. 다만 현재 쓰는 시스템을 평가하거나 개선하려고 할 때 고려해볼 사항을 짚어보자.

영업 조직이 가장 많이 쓰는 시스템은 고객관계관리 시스템일 것이다. 고객관계관리 시스템이야말로 고객과 관련한 모든 정보가 들어 있고 영업 사원들에 의해 지속적으로 정보가 추가되고 최신으로 업데이트되는 시스템이다. 고객관계관리 시스템의 종류에는 간단한 것부터 아주 복잡한 것들까지 다양하다. 이미 고객관계관리 시스템을 쓰고 있다면 최소한 다음 정도의 기능은 제공할 것이다.

- 개별 영업 기회에 대한 진행 상황 추적
- 전체 영업 기회 및 예상 매출액 관리
- 전화 통화 및 이메일 수 · 발신 이력 관리
- 약속 및 일정 관리
- 잠재 고객 정보를 마케팅 활동에 활용하는 기능
- 비디오, 프린트물, 파일 등 최신 마케팅 자료 검색
- 제안서, 견적서, 입찰서 생성
- 영업 현황을 보여주는 대시보드

- 관심 고객 데이터베이스 및 관련 정보에 접근하는 포털 기능
- 고객 지원 포털 기능 : 이슈 해결 등
- 현장 지원이 필요한 경우에 엔지니어 리소스 할당 기능
- 전화 영업이 주요 활동인 경우에 자동 다이얼링 기능
- 관심 고객 등급 분류
- 고객 접촉 이력 관리(중요한 고객인데 한동안 영업 사원의 방문이 없었다면 통보 해주기도 한다.)

최근의 고객관계관리 시스템이 어떤 형태를 취하고 어떤 기능을 제공하는지 궁금하다면 세일즈포스닷컴(Salesforce.com)이나 마이크로소프트의 다이내믹스 356(Dynamics CRM) 사이트를 방문해보자. 유튜브에도 관련 동영상이 많다.

중요한 것은 시스템이 강력하되 간단해야 한다는 점이다. 각 영업 사원들은 자기가 일하는 스타일에 맞게 시스템 환경을 설정할 수 있어야 한다. 시스템을 썼을 때의 이점이 분명하므로 시스템이 간단하고 사용자 편의성이 높으면 영업 사원들이 활용하지 않을 이유가 없다. 시스템이 너무 낡은 것이라면 회사에 변경을 요청해야 한다. 팀원들에게는 시스템이 구식임을 인정하고 바꿀 때까지는 불편을 최소화하는 선에서 활용할 수 있는 대안도 찾아주어야 한다.

또 다른 IT 시스템은 이메일이다. 너무나 보편화되어 있어서 평소 우리는 이메일을 활용한다는 사실을 생각하지도 않고 산다. 한 조사에 따르면 이메일을 읽고 작성하고 받은 이메일에 답장을 하는 데 대부분

의 사람들이 업무 시간의 75퍼센트를 쓴다고 한다. 이메일이야말로 좀 더 효과적으로 활용할 수 있도록 안내하면 팀원들 모두의 시간을 절약할 수 있다.

쏟아지는 이메일을 어떻게 관리하면 좋을지 얘기하기 전에 세일즈 보스의 역할을 다시 한 번 명확히 하자. 세일즈 보스는 책상 뒤에 앉아 영업 진행 상황에 대해 보고해달라, 실적이 왜 나쁘냐 등의 이메일을 쓰는 사람이 아니다. 이메일 사용은 절제가 필요하다. 정보를 교환하는 데는 이메일보다 전화를 하거나 얼굴을 보고 얘기하는 것이 좋다. 사람의 목소리는 이메일이 전달할 수 있는 것 이상을 알려준다.

다섯 명 이상이 수신으로 들어간 이메일을 받아본 적이 있는가? 모든 사람이 다시 '전체'를 대상으로 답장을 쓰고 최신 버전의 문서를 첨부한다. 이런 메일을 여러 번 주고받다 보면 내용을 빠짐없이 챙겨 보기란 어려운 일이 되고 만다. 때로는 너무 많아져 더 이상 읽기를 포기하기도 한다. 이런 문제 때문에 앞서가는 많은 영업 조직들은 내부 소통을 이메일에 의존하지 않는다. 사실 이메일보다 훨씬 나은 방법이 있다. 단체 소통에는 Yammer나 Chatter, Slack 같은 그룹 메시징 툴을 고려해보길 바란다. 아직 써본 적이 없다면 검토해볼 만하다.

이들 툴은 소셜 미디어의 피드처럼 작동하되 비즈니스를 위해 쓰는 것이다. 사용자는 트위터처럼 어떤 사람이나 프로젝트를 팔로우휠 수 있다. 예를 들어 XYZ 회사와 프로젝트를 진행하고 있다면 'XYZ 회사 프로젝트'라고 피드를 시작할 수 있다. 허가된 사용자들은 이 '피드'를 읽고 답글을 적고 최신 파일을 업로드하는 등의 작업을 할 수 있다. 모든 것을 최신 내용으로 한 곳에 모으는 것이다. 마케팅팀, 엔지니어링팀, 영업팀, 서비스팀 등 모두가 같은 내용을 공유할 수 있다. 팀원 중 누군가가 확인하고 후속 처리할 사항이 있는가? 그렇다면 '@이름'을 쓰고 전달할 내용을 써라. 그의 스마트폰으로 바로 알림이 간다. 고급 시스템들은 고객들까지도 '피드'에 참여할 수 있도록 한다. 새로 입사한 직원이 있다면 기존에 진행하던 프로젝트의 최신 정보에 바로 익숙해질 수 있다.

그룹 메시징 툴을 사용하여 어수선한 이메일 함을 깔끔하게 정리하라. 매우 간단하게 사용할 수 있으므로 걱정할 필요가 없다. 곧 골치 아픈 이메일 문제가 사라질 것이다. 이런 시스템을 개인적으로 쓰면서 자라온 젊은 직원들은 아주 직감적으로 잘 활용할 것이다.

그룹 이메일 외에도 이메일을 의사소통에 효과적으로 활용하려면 직원들에게 몇 가지 예절을 가르쳐야 한다. 이메일 제목에 무엇을 넣어야 하고, 어떤 때 참조자를 넣어야 하고, 어떤 때 넣지 말아야 할 지 등에 대한 것들이다. 내가 함께 일했던 한 회사는 이메일에 대해 다음과 같은 규칙을 정했다.

내부 이메일은 메일을 읽은 후 어떤 후속 조치를 요청하는지에 따라 다음과 같이 제목 앞에 붙인다.

- NRN이라고 쓰면 '답장 필요 없음(No Response Needed) 그러나 읽어는 봐야 함'
- URGENT는 '오늘 중으로 답장 요망(Urgent Response Today)'

(몇 시간 내 답장이 필요한 경우는 전화를 활용)

- Respond(주중/월말까지/아무 때나)
- FYI는 '관심이 있을 경우를 위해 공유하는 정보임(For Your Information)'

이 약자들 중 하나를 쓴 다음에는 이어서 이메일에 어떤 내용이 들어 있는지를 간단하게 설명한다. 예를 들어 'NRN : 지난주 XYZ회사 방문 요약'이라고 쓴다.

모든 이메일에 대한 답장은 수신인만 하면 된다. 참조에 들어간 사람은 답장을 할 필요가 없다. 그리고 답장은 수신인 전체에게 하지 말고 이메일 발신자에게만 보낸다. 만일 답장을 전체가 보는 게 좋겠다고 생각하면 처음 메일을 쓴 사람이 답장 온 내용들을 요약하여 다음과 같은 제목으로 전체에게 다시 보낸다. 'NRN : 회사 야유회와 관련하여 모은 의견 요약'이라고 쓴다.

물론 이런 류의 그룹 이메일은 그룹 메시징 툴로 옮겨 가면 좋다. 그리고 더 길게 논의해야 할 주제는 전화로 하는 것이 좋다. 시간적으로 다급한 사안도 이메일보다는 전화나 텍스트 메시지가 낫다. 시간을 내어 팀원들에게 이메일을 효과적으로 쓰는 방법이나 기타 커뮤니케이션 툴의 활용법을 가르쳐주자. 의외로 당신의 시간과 에너지를 많이 절약할 수 있다.

이메일이나 회사 인트라넷을 통해 유통하는 파일에 이름을 붙이는 규칙을 정하는 것도 고려해볼 만하다. 필요한 파일이 있을 때 그것이 어디에 있는지, 어떤 이름인지를 알아내 찾는 데도 생각보다 시간이 많이 걸린다. 몇 명 안 되는 영업 사원들이 파일을 보내더라도 금세 골치 아픈 일이 되고 만다. 언젠가 파워포인트 자료 하나를 찾던 중에 발견한 파일들이다.

- 영업 프레젠테이션
- 영업 프레젠테이션 부산
- 영업 프레젠테이션 버전 2
- 영업 프레젠테이션 최종 버전
- 영업 프레젠테이션 마지막 버전

원하는 파일을 찾느라고 몇 개의 파일을 열어봤을까? 솔직히 전부 다 열어보았다. 그러고 나서야 '부산 영업프레젠테이션 최종 버전'이라는 이름의 파일을 찾았다. 파일 이름을 어떻게 붙일지에 대해 간단한 약속을 정하면 이런 문제를 피할 수 있다.

{파일에 대한 설명}.{버전 #}.{날짜}.{작성자 이름}

일단 규칙이 정착되면 팀원 중 누군가가 보낸 최신 영업 보고서, 고객사에 보낸 견적서를 아주 쉽게 찾을 수 있다. 디지털 살림살이 규칙을 잘 만들면 당신은 매니저로서 훨씬 쉽게 일할 수 있다. 사람들이 새로운 규칙을 받아들이고 습관이 들기까지는 많은 노력이 필요지만 결국은 그것이 미래에 들어갈 많은 시간과 에너지를 줄여준다.

팀이나 회사 내에서 정보를 어떻게 저장하고 교환할지를 고민하는 것이 사소한 일로 보일 수도 있다. 그러나 세일즈 보스는 이 또한 실적에 영향을 주는 중요한 부분임을 안다. 중요한 정보를 쉽고 빠르게 교환할 수 있다면 실수도 줄고 고객에게 더 나은 서비스를 제공할 수 있다. 또 고객을 만나 판매 활동을 하는 시간도 늘어나게 될 것이다. 분명한 것은 내가 지금까지 경험한 모든 고성과 조직은 분명한 소통 체계와 규칙이 있더라는 점이다.

17

보상 체계
;금전적·비금전적 보상이 주는
메시지

영업을 직업으로 하는 사람들은 다른 어떤 이유보다도 돈이 되기 때문에 영업을 한다. 그러므로 보상 계획을 잘 세워 영업 사원들을 효과적으로 움직이는 것은 세일즈 보스로서 성공하는 데 매우 중요한 요소다. 이 장에서는 보상 계획에 대해 논의할 것이다. 그전에 보상과 관련하여 꼭 알고 있어야 할 흔한 현상 두 가지를 짚고 넘어가자.

　1. 회사 내 다른 부서 사람들이 잘나가는 영업 사원을 질투하는 경우다. 재무 부서 사람들이나 기타 유관 부서의 임원들이 실적이 아주 좋은 어떤 영업 사원의 급여 명세를 보게 된다. 일급은 엄청 빨아가는데 사무실에서는 그 잘난 영업 사원의 얼굴을 도대체 볼 수가 없다. 영업 사원들의 월급이 자기네 월급보다 많은 걸 보고 질투가 나는 상황이다. 질투의 결과는 여러 가지 형태로 나타난다. 해당 영업 사원이 경비를 청구할

때마다 트집을 잡기도 하고 상당한 규모의 수주 소식에도 빈정거림으로 반응한다. '어쨌건 수주가 될 딜이었어. 뭐, 영업 사원이 특별히 한 것도 없잖아' 하는 식이다. 이런 일을 목격하면 세일즈 보스는 적극적으로 대응해야 한다. 현장을 뛰며 영업하는 것이 얼마나 어려운 일인지, 가족들과 떨어져 시간을 보내는 것이 얼마나 큰 희생인지 그리고 기타 영업 사원들이 감내해야 하는 많은 어려움을 회사 사람들 모두에게 알리는 것이야말로 세일즈 보스인 당신의 역할이다. 실제로 영업 사원들은 자기 월급 값은 한다. 그리고 그들이 매출을 올리기 때문에 회사 전체가 먹고 산다. 회사 내의 다른 부서 사람들이 누가 밥을 먹여주는지 잊어버리거나 영업 사원들을 시기하지 않도록 하라.

2. 두 번째는 급여를 지나치게 많이 주는 경우이다. 위와 좀 상반되는 생각 같지만 회사는 업계에서 가장 훌륭한 영업 사원들이 회사를 떠나지 않고 남아 있을 만큼의 급여를 주는 것이 맞다. 역할마다 적절한 가치가 있기 마련이다. 영업 사원들에게 지나치게 많은 급여를 주고 있다면 연구 개발이나 새로운 장비 구입, 마케팅, 기술 혁신 등 다른 곳에 쓸 수 있는 돈을 엉뚱하게 쓰는 것일 수 있다. 훌륭한 영업 인재를 유치하는 것과 회사의 다른 영역에 투자하는 것 사이에는 균형이 필요하다. 그러려면 전문 시장조사 기관들을 통해 경쟁사들의 급여 수준을 파악하는 것이 중요하다. 인터넷의 공짜 서비스나 헤드헌터들에게서 얻는 정보도 있지만 그렇게 얻은 정보에는 의존하지 않는 것이 좋다. 몇 십만 원 정도의 투자로 데이터에 기반을 둔 아주 분석적인 보고서를 받아볼

수 있다. 그리고 영업 사원을 채용할 때마다 기존 회사에서 받던 급여의 증빙 자료를 받아 외부 보고서와 함께 참조하면 업계의 보상 수준을 파악하는 데 도움이 될 것이다. 실제로 보상 수준을 어떻게 정해야 하는지에 대해서는 뒤에서 얘기하기로 하자.

'보상 계획'이라는 주제만으로도 책 한 권은 나올 수 있다. 그리고 참고할 만한 훌륭한 책들이 이미 많이 나와 있다. 이 장에서는 보상 계획을 세울 때 어떤 것들을 고려해야 하는지 그리고 실제 내 경험상 어떤 것들이 효과가 있었는지에 대해서만 언급하겠다. 읽고 나면 영업 성과를 성공적으로 이끌어내기 위해 보상 계획을 어떻게 세워야 하는지 이해할 수 있을 것이다.

보상 계획은 모든 영업 사원들이 쉽게 이해할 수 있도록 최대한 간단해야 한다. 만일 회사나 영업 조직의 구조상 전체적인 보상 계획이 복잡할 수밖에 없다면 외부의 자문을 받아 단순화하는 것도 고려해볼 만하다. 보상 계획에 포함될 여러 가지 요소들이 조직이나 성과에 미칠 영향과 법적인 문제 등에 대해 조언을 받을 수 있다. 그러나 대개의 경우 이 장에서 제시할 몇 가지 기본적인 원칙들만 잘 따른다면 경영진 내부에서도 충분히 효과적인 계획을 만들어낼 수 있다.

다음은 보상 계획을 세울 때의 원칙들이다.

1. 보상 계획은 스타급 영업 사원들의 마음을 얻어 그들을 채용할 수 있고 그들을 회사에 계속 남아 있게 할 수 있어야 한다. 심지어는

경쟁사에서 그들을 데려올 수도 있어야 한다. 보상 계획은 스타급 영업 사원들을 행복하게 할 수 있는 것이어야 한다.

2. 보상 계획은 구성원들이 자기 역할을 제대로 하지 못했을 때 불이익을 주는 도구가 아니라 조직의 장기적인 전략을 뒷받침하는 것이어야 한다.

3. 보상 계획은 이해하기 쉬워야 하며 보상의 대상이 되는 각 요소들은 영업 사원들 스스로가 본인의 의지와 노력으로 조절할 수 있는 것들이어야 한다.

4. 고성과자들과 평범한 사람들의 전체 보상 금액에는 큰 차이가 나야 한다.

진짜 스타급 영업 사원을 찾는 것은 어려우므로 보상 계획이 공정하지 못하거나 어떤 문제가 있어 어렵게 얻은 스타급 영업 사원을 잃는 일은 없어야 한다. 보상 계획은 구성원들이 자신의 영업 시간을 활용하는 데 영향을 준다. 의도하든 의도하지 않든 보상 계획이 영업 사원들의 행동에 미칠 영향을 주의 깊게 고려해야 한다.

예를 들어 신규 고객 유치를 많이 장려하는 보상 계획을 세우면 영업 사원들이 기존 고객을 소홀히 하여 기존 고객에서 일어나는 매출에 부정적인 영향이 온다. 만일 이런 일이 실제로 생긴다면 이 의도치 않은 결과에 대한 대응책은 무엇인가?

컴캐스트(Comcast) 사례야말로 보상 계획을 잘못 세웠을 때 어떤 일이 일어나는지에 관해 경각심을 주는 좋은 예다. 컴캐스트는 자사의 회선 서비스를 해지하려고 전화하는 고객들을 설득해 서비스를 계속 사용하게 만들면 전화 받은 직원에게 보너스를 지급하는 보상 계획을 세웠다. 그러자 콜센터의 영업 사원들은 실적급을 받기 위해 수단 방법을 가리지 않고 고객들의 해지를 막으려 했다. 이에 실망한 고객들은 통화 내용을 녹음해 인터넷에 올렸다. 지금도 구글에서 'Comcast customer service calls frustrated(실망스런 컴캐스트 고객 서비스 전화)'라고 영문을 입력하여 검색해보면 관련 내용을 확인할 수 있다. 검색되는 음성 파일을 들어보면 그런 식의 보상 계획을 결정했을 때 어떤 의도치 않은 결과가 나올 수 있는지 알 수 있다.

보상 계획을 만들 때는 보상 계획으로 말미암아 어떤 일이 발생할지 항상 심사숙고해야 한다. 본인들의 수입을 극대화하기 위해 영업 사원들은 과연 어떻게 행동할 것인가? 대개 영업 사원들을 위한 보상 계획은 세 가지 요소, 즉 기본급, 실적급, 보너스로 구성된다. 각각에 대하여 중요한 측면을 살펴보자.

기본급

기본급은 영업 사원의 급여 중에서 100퍼센트 지급을 보장하는 부분이다. 새 영업 사원을 채용할 때의 위험을 최소화하기 위해 기본급 없이 실적급만 지급하고 싶다는 회사들을 많이 본다. 언뜻 맞는 것도 같지만 현실적이지 못한 생각이다. 대체로 제대로 된 채용 과정과 채용 능력이 없는 회사들이나 직원들에게 교육 기회를 거의 제공하지 못하는 회사들이 기본급 없이 영업 사원을 채용한다.

이런 방식으로는 스타급 영업 사원을 채용할 수도 양성할 수도 없다. 잘나가는 영업 사원들은 자신의 가치를 알고 있고 언제든지 기본급이 있는 직장을 찾을 수 있는 사람들이다. 특히 신규 입사자의 보상 계획에는 기본급을 반드시 포함해야 한다. 시간이 지나 영업 사원이 자신의 고객 기반을 만들고 안정적인 실적급을 받아가면서 기본급을 줄이는 구조를 선택할 수는 있다.

그러나 이런 경우에라도 보상 계획이 '성과를 잘 낼수록 불이익을 받는 구조'로 보여서는 안 된다. 교육 기간에는 기본급의 비율을 높여 실적급 비율을 줄여주고 시간이 지나면서 영업 사원들이 기본급을 줄이는 대신 실적급의 지급 비율을 높이는 안을 자율적으로 선택할 수 있도록 하는 회사들도 있다. 줄어드는 기본급 금액보다 늘어나는 실적급의 금액을 더 크게 함으로써 실적이 좋은 경우 총 지급액이 더 많아지게 하는 것이다.

실적급

실적급(실적 연동 급여)은 판매 실적이나 영업 활동에 대한 보상으로 지급하는 급여다. 이는 반드시 그들의 활동과 직접적인 연관이 있어야 한다. 잠재 고객들과 전화로 미팅 약속을 잡아 현장의 영업 사원들에게 넘겨주는 역할을 하는 내부 영업 사원의 예를 들어보자. 그들에게는 딜의 수주 여부와 관계없이 미팅 약속을 잡는 데 대해 실적급을 지급해야 하고 현장의 외부 영업 사원에게는 약속이 아니라 실제 매출 금액에 따라 실적급을 지급해야 한다.

여기서 반드시 주의할 점이 있다. 매출액, 약속 건수 등 실적급의 지급 기준을 정하면 회사는 정확한 결과를 측정하여 영업 사원들에게 적시에 알려줄 수 있어야 한다는 점이다. 급여를 입금한 뒤에 숫자가 맞는지 안 맞는지 영업 사원들과 실랑이를 벌이는 일은 없어야 한다.

보너스

보너스는 특정 활동을 장려하기 위한 것으로 금전적인 보상이 될 수도 있고 다른 형태의 인센티브가 될 수도 있다. 영업 사원이 과거 구매 이력이 없는 완전히 새로운 고객을 유치했을 때 지급하는 특별 보너스가 그 한 예다. 연간 목표 달성에 대한 포상 여행이나 여타 형태로 지급하는 판촉 장려상도 흔히 볼 수 있는 것들이다.

내가 아는 어떤 회사는 최고급 자동차를 대여하여 매 분기 신규 고객을 가장 많이 유치한 영업 사원에게 그 열쇠를 넘겨준다. 다음 분기에는 누가 멋지게 그 자동차를 운전할 수 있을지 영업 사원들 간 경쟁이 매 분기 아주 치열하다. 영업 사원들의 적극적인 참여가 필요한 영역이 있다면 상식을 벗어난 수준으로 강력한 인센티브를 걸어보라. 인센티브의 영향력이 크다는 것을 확인할 수 있을 것이다.

그럼 전체 보상 금액과 기본급, 실적급 그리고 보너스의 비율은 어떻게 정해야 하는가? 인사 부서의 전문용어로 총 목표 보상액(TTC, Total Target Compensation)이라는 말을 들어본 적이 있을 것이다. 총 목표 보상액은 기본급, 실적급 그리고 보너스를 합한 전체 금액으로 영업 사원이 자신의 연간 목표를 100퍼센트 달성했을 때 받을 수 있는 금액이다.

총 목표 보상액은 시장조사 기관에서 받은 업계 데이터의 90퍼센트 백분위 수준(동종업계 다른 회사들의 90퍼센트 이상에 들도록)으로 정한다. 그다음 과거 영업 사원들의 실적 데이터를 분석하여 전체 직원 중 50퍼센트는 총 목표 보상액을 모두 가져갈 수 있도록, 30퍼센트는 총 목표 보상액 수준을 맞추지 못하게, 그리고 나머지 20퍼센트는 총 목표 보상액을 훨씬 초과해 보상 받게끔 실적 목표를 조정한다.

이렇게 하는 까닭은 스타급 영업 사원들이 사내의 하위 성과자들뿐만 아니라 동종 업계 동료들과 견주어 훨씬 더 많이 보상받도록 해 그들이 이직하는 것을 막기 위해서다. 중간 정도의 성과를 내는 사람들(조직을 제대로 운영한다면 이 사람들도 꽤 괜찮은 성과를 내는 사람들일 것이다)도 대체로 업계에서 자신이 벌 수 있는 정도의 수입은 되므로 심각한 이직 우려는 없을 것이다. 하위 실적자들도 그럭저럭 괜찮다고 생각할 테고 오히려 더 열심히 해야겠다는 동기부여가 될 것이다. 모두가 행복한 구조인 셈이다.

최고 성과자들과 최하위 간의 보상 차이는 아주 커야 한다. 그래야 성과가 좋은 사람들은 지속적으로 성과를 잘 내기 위해 노력하고 실적이 나쁜 사람은 영업력을 끌어올리려고 노력한다. 실적을 공개해야 한다고 했던 것을 기억하기 바란다. 채용을 제대로만 했다면 돈 벌 기회를 놓치는데 넋 놓고 있을 사람은 팀 내에 없을 것이다. 훌륭한 사람들은 자신을 지속적으로 계발하는 능력이 있어서 실적 순위표의 맨 끝에 있던 이름도 분기가 가고 해가 가면서 맨 위로 올라갈 수 있다. 만일 늘 총 목표 보상액 수준에 도달하지 못하고 바닥에 머무는 사람이 있다면 교체를 고려해야 한다.

총 목표 보상액의 수준을 정하고 나면 다음은 기본급, 실적급, 보너스의 비율을 결정해야 한다. 딜을 수주하는 데 고난이도의 기술이 필요할수록, 영업 사원의 활동이 결과에 미치는 영향이 클수록 전체 보상액 중에서 실적급 부분이 커져야 한다. 영업 사원의 영향이 적을수록 기본급이 커져야 하고 이 경우 총 목표 보상액은 전자보다 적어야 한다. 이 원칙을 적용하면 가장 높은 역량이 필요한 일에 가장 높은 수준으로 보상할 수 있고 영업 사원의 역할이 주문 접수 정도의 단순한 일이라면 비용을 통제하기에도 좋다.

또 하나 매우 중요한 것은 기본급만으로는 영업 사원 본인에게 익숙한 생활방식을 영위할 수 없어야 한다는 점이다. 영업 사원이 원하는 생활방식은 그가 매출 목표를 초과 달성할 때만 영위할 수 있어야 한다. 이는 과학이자 예술인데 그 이유는 분명하다.

우리는 모두 어느 정도 편안한 상태에 이르면 노력을 덜 하게 된다. 나의 경우 하루 15시간씩 일하고 쉼 없이 출장 다니는 것에 전혀 문제가 없었다. 배가 고팠고 나를 알려야 했다. 그러나 어느 정도 성공도 하고 다음 달 대출금 납부를 걱정하지 않아도 될 정도가 된 지금의 나는 예전처럼 열심히 출장을 다니고 싶지 않다. 당신과 당신의 직원들도 마찬가지다. 사람마다 다른 것은 과연 어느 정도에 이르렀을 때 편안함을 느끼며 활동의 속도를 늦추는지다. '편안한 상태'에 이를 정도의 기본급을 주지 않도록 하라. 팀원들 모두가 자신이 현재 하는 것 이상을 추구하도록 해야 한다.

다음은 보상과 관련해 지켜야 할 몇 가지 중요한 사항들이다.

1. 보상 계획을 연중에 또는 갑자기 바꾸지 마라. 연중에 보상 계획을 바꾸면 팀의 리듬이 깨진다. 급여를 어떻게 받느냐보다 개인적으로 중요한 사항은 없다. 설사 긍정적인 변화라 해도 판매에 집중해야 할 팀원들의 정신적인 에너지가 분산된다. 팀원들은 일반적으로 연말에 변화가 있을 것으로 기대하므로 변화가 필요하다면 이때를 활용하라. 변화가 있다면 어떤 변화가 있을지 왜 그런 결정을 내렸는지를 팀원들에게 미리 얘기해주어야 한다. 같은 수준의 실적을 낸다고 가정했을 때 영업 사원들이 받아가는 금액에 부정적인 영향이 없도록 하는 것이 좋다. 만일 부정적인 영향을 주는 변화가 필요하다면 왜 그럴 수밖에 없는지 그 이유에 대해 감성 지능을 충분히 발휘하여 진실하게 설명해야 한다.

2. 영업 사원별 보상 계획은 해당 기간이 시작되기 전(연간 계획이면 회계연도 시작 전, 반기 계획이면 반기 시작 전, 분기 계획이면 분기 시작 전)에 각자에게 전달해야 한다. 회계연도가 시작되고 나서 6개월이 지나서야 보상 계획을 전달하는 회사를 본 적이 있다. 6개월 내내 본인들의 급여가 어떻게 계

산될지도 모르고 활동하는 영업 사원들을 상상해보라.

3. 실적급은 딜을 수주한 후 되도록 빨리 지급하는 것이 좋다. 나는 이것을 '파블로프의 개' 원칙이라 부른다. 실적급을 은행 계좌로 입금하자마자 영업 사원이 바로 그 딜을 수주하기 위해 했던 것과 똑같은 영업 활동을 개시하는 것이야말로 당신이 바라는 바가 아니겠는가? 딜을 완료한 후 수금이 될 때까지 수개월에 걸쳐 실적급 지급을 보류하는 회사들도 있다. 그러나 이것은 이상적이지 않다. 회사에서 위험을 줄이기 위해 수금이 될 때까지 실적급을 보류해야 한다면 일부라도 보너스 형태로 일단 지급하고 나머지를 수금 후에 지급하도록 건의하는 것이 좋다. 통장으로 돈이 입금되는 것을 느끼며 적극적으로 영업 활동을 하도록 하는 것, 즉 실적급과 후속 영업 활동에 강한 연결고리를 만들어내는 것이 중요하다.

4. 대시보드 같은 것을 만들어 어떤 딜에 대해 실적급을 지급했고 금액을 어떻게 계산했는지, 앞으로 실적급이 지급될 딜은 어떤 것들인지에 대해 영업 사원들과 정확히 소통해야 한다. 실적급이 어떻게 계산되는지 정확히 이해하지 못하거나 계좌에 예상치 못한 보너스가 입금되어 깜짝 놀라는 영업 사원들을 가끔 본다. 가족들을 위해 돈을 더 벌어들이려면 무엇을 해야 하는지 영업 사원들이 확실하게 이해할 수 있어야 한다. 실적급을 어떻게 계산해 지급하는지 확실하게 알려주면 추가 할인과 같은 본인의 행동이 자신의 수입에 미치는 영향도 정확히 이해한다.

5. 실적급이나 보너스에 영향을 주는 항목은 두 가지를 넘지 않는 것이 좋다. 그리고 그것들은 분명하게 눈에 보이고 쉽게 측정할 수 있는 것들이어야 한다.

다음은 보상과 관련해 자주 받는 질문들로 내 생각은 다음과 같다.

회사의 고정 고객에게서 나오는 매출은 어떻게 처리해야 하나?

회사의 고정 고객에 대해서는 어떻게 실적급을 지급하는 게 좋을지 물어오는 이들이 있다. 고정 고객은 이전부터 회사의 고객이었던 곳들로, 새로운 영업 사원이 들어와 그 고객을 맡았을 때 많은 회사들이 실적급을 어떻게 지급해야 할지 고민한다. 이런 고객사를 따로 분류하여 해당 영업 사원이 고객 발굴을 하거나 영업 기회를 처음부터 만들어낸 것이 아니니 실적급을 아예 지급하지 않는 회사들도 있다. 이해는 가지만 이렇게 하는 것은 해당 영업 사원을 가장 중요한 고객에게서 완전히 차단하는 근시안적인 처사다.

이들 고정 고객들은 일반적으로 가장 오래되고 충성도 높은 고객들이다. 이들은 다른 잠재 고객들에게 참고 사례가 되어주기도 하고 추가 수요가 생기기도 하는 고객들이다. 영업 사원들이 이들 고정 고객들에게서 돈을 벌 수 있는·기회를 차단하면 이들 고객과 좋은 관계를 형성하려는 영업 사원들의 노력은 줄어들게 마련이다. 시간이 가면서 관계가 소원해져 참고 사례로서의 역할조차 기대하기 어려워진다.

나는 이들 고정 고객들에 대해 영업 사원들이 전적으로 책임을 지도록 하되 처음 얼마 동안 발생하는 매출에 대해서는 실적급의 규모를 제한하면 된다고 생각한다. 점차 고객과 공고한 관계를 형성하여 고객이 기꺼이 참고 사례가 되어주고 기존에 없던 새로운 비즈니스 기회도 제공해줄 때쯤 실적급을 정상화하면 된다. 이렇게 균형 있게 접근하는 것이 결국 모두에게 좋은 결과를 낳는다.

소모품이나 부품 매출에 대해서는 어떻게 실적급을 지급해야 하는가?

소모품이란 사용하여 없어지는 것으로 정기적으로 재주문이 일어나는 제품을 뜻한다. 예를 들어 어떤 설비를 판매하는데 이 설비에는 정기적으로 소모되어 교체가 필요한 패키지 자재, 화학물이나 부품이 있을 수 있다. 어떤 회사들은 이들 소모품이나 부품 매출을 실적급 계산에 포함하기도 하고 이를 제외하는 회사들도 있다. 나는 영업 사원들이 소모품의 소비량에 영향을 미칠 수 있다면 소모품 매출에 대해서도 실적급을 지급하는 것이 맞다고 생각한다. 이런 소모품 매출은 영업 사원들에게는 매년 반복되는 안정적인 매출원이 될 수 있다. 또 회사로서는 훌륭한 영업 사원을 채용하는 데 좋은 유인 요소가 될 수 있다.

문제는 한동안 열심히 일해 반복되는 소모품 매출이 어느 수준에 도달해 매년 꾸준한 매출이 나오게 되면 새로운 고객사 확보를 위한 영업 사원들의 노력이 줄어들 수 있다는 점이다. 이러한 경향을 예의주시하고 적절한 대응 계획을 세우는 것이야말로 세일즈 보스의 역할이다. 매년 반복되는 매출에 대해서는 해가 갈수록 실적급의 규모를 줄여 이런 문제를 예방하고 균형을 유지하는 회사들도 많다.

예를 들어 첫해에 소모품 매출액의 5퍼센트를 실적급으로 제공했다면 다음 5년간 매년 1퍼센트씩 줄여가는 것이다. 시간이 흐르면서 고객의 구매 패턴이 자리 잡히고 그에 따라 영업 사원들의 노력도 덜 필요해지므로 충분히 합리적인 접근 방법이다.

◆ ◆ ◆

보상에 대한 논의를 마무리하면서 항상 돈이 유일한 형태의, 또는 가장 선호하는 인센티브가 될 필요는 없다는 점을 강조하고 싶다. 이런 식으로 생각해보자. 만일 어떤 직원에게 몇 백만 원의 보너스를 지급한다면 과연 그는 얼마 동안 그것을 기억할까? 잠시 동안뿐일 것이다. 그럼 현금 대신 휴가를 몇 가지 제안하고 그중에 하나를 고르게 하면 어떨까? 직원은 휴가를 얼마 동안 기억할까? 아마도 영원히 기억할 것이다.

가족들과 함께 해변에 머무는 동안 그는 자신의 직업과 회사에 대한 긍정적인 감정으로 충만할 것이다. 휴가에서 돌아와서도 사진을 볼 때마다 다시 기억할 것이고 친구들에게 휴가 얘기를 해줄 때마다 그때의 감정을 되새길 것이다. 휴가 후 사무실로 돌아왔을 때 그의 에너지는 다른 동료 팀원들에게 또 다른 동기부여가 될 것이다. 헤드헌터가 당신의 스타급 영업 사원들에게 접근했을 때도 그들은 월급보다는 그때의 감정을 기억해낼 것이다. 세일즈 보스로서 돈의 형태 이외의 보상 방법에 대해 진지하게 연구해보라. 그야말로 직원들의 소속감을 높이고 팀을 화합하게 만드는 강력한 도구가 될 것이다.

The
SALES
BOSS

18

실적 예측하기

세일즈 보스가 해야 하는 필요악 중 하나는 매출을 예측하는 것이다. 실적 예측이 세일즈 매니저들에게 '존재의 골칫거리'라는 말은 과장된 표현이 아니다. 세일즈 매니저들에게 회사에 예상 실적을 제출하는 일과 이빨을 뽑기 위해 치과에 가는 것 중 하나를 고르라고 하면 분명 치과에 가겠다고 할 것이다. '실적 예측'이라는 말은 영업 조직마다 달리 쓰이지만 넓은 의미에서 다음과 같다. 세일즈 매니저들이 매출은 어느 정도일지, 어떤 채널에서 얼마의 매출이 나올지, 제품별 매출 구성은 어떻게 될지, 세금계산서는 언제 발행할 수 있을지 등을 파악하여 회사에 보고하는 것이다. 때로는 연초에 정해 일 년 내내 변동과 수성을 서술하는 예상 매출액을 뜻하기도 한다.

모든 세일즈 매니저들은 정확한 실적 예측치를 얻기 위해 노력한다. 그러나 확실한 것은 실적 예측치가 그것을 제출하는 당일 세일즈 매니저의 기대치를 반영하는 것으로서만 정확할 뿐이라는 점이다. 나는 실적 예측을 어린이가 산타크로스에게 쓰는 '받고 싶은 선물 목록' 정도로 생각한다. 그것들 중 어떤 선물은 실제로 받기도 하고 어떤 것들은 깜짝 선물로 크리스마스트리 밑에 놓이기도 한다. 마치 '세계 평화'처럼 절대 일어날 수 없지만 올해는 다르지 않을까 하는 기대감으로 넣어둔 현실성 없는 것들도 있다.

실적 예측이 왜 이토록 어려운가? 우선 실적 예측은 두 가지 상반되는 힘, 즉 현실과 좋은 숫자를 내고 싶은 욕망 사이의 전쟁이기 때문이다. 영업 사원들에게 어떤 딜을 수주할 수 있을지 물어보면 대체로 낙관적으로 대답한다. 내년도 예상 매출액 제출 요청을 받으면 당신은 경영진이 올해보다 내려가거나 약간 올라간 숫자를 좋아하지 않을 것임을 안다. 일단 낙관적인 숫자를 제출한 뒤 나머지 열두 달 그 숫자를 좇는 것이 차라리 쉬운 일일지도 모른다고 생각한다.

제대로 된 숫자를 얻기 힘든 두 번째 이유는 정확하고 의미 있는 데이터를 얻기 힘들기 때문이다. 실적 예측을 제대로 하지 못했을 때 일어나는 문제는 회사의 다른 모든 계획이 틀어져버린다는 점이다. 매출 계획을 토대로 회사는 모든 것을 계획하기 때문이다. 팀이 실적을 채우지 못하면 당신의 신용도 떨어진다. 최대한 애초에 제출한 예측치에 가깝게 달성하는 것이 반드시 필요한 이유다. 여기서 '가깝게'라는 말은 몇 퍼센트 이상의 오차 범위는 넘지 않아야 한다는 뜻이다. 그리고 이 백분율은 전체 숫자의 크기나 비즈니스의 성격, 기간에 따라 달라질 수 있다. 세일즈 보스로서 정확하게 실적을 예측하고자 한다면 영업 사원들이 제시하는 숫자에 본인의 감을 적당히 반영해 가감하는 일반적인 방식과는 다른 접근이 반드시 필요하다.

이 책에서 얘기한 것들을 잘 따르기만 한다면 훨씬 더 정확히 실적을 예측할 수 있다. 팀 전체적으로 일관성 있게 적용하는 영업 프로세스가 있고 고객관계관리 시스템에 정확한 데이터가 들어가 있다면 기본은 갖춘 셈이다. 거기에 더해 팀원들과 정기적인 미팅을 진행하고 고객사 방문까지 동행하면 중요한 딜의 진행 상황에 대해서도 훨씬 정확하게 파악할 수 있다. 이런 과정을 통해 팀원들과 관계까지 깊어진다면 그들이 제시하는 숫자가 얼마나 실제에 가까운지를 알아내는 감각도 훨씬 발달할 것이다.

정확한 실적 예측에 어려움을 겪던 한 고객과 프로젝트를 시작했던 적이 있다. 다음 회계연도의 매출 목표액을 정하는 시점에 내가 일을 시작하였고 그들은 나에게 다음해 매출액을 예측해달라고 요청했다. 왜 그들이 내가 내는 숫자가 내부 영업팀에서 제출하는 숫자보다 더 정확할 것이라 생각했는지는 확실하지 않다. 아무튼 나는 관련 데이터를 모아 실적 예측치를 냈다. 그리고 다음 3개월 동안의 실제 월간 매출액은 내 예상치에서 2천만 원을 벗어나지 않았다. 월 매출액이 20억 원이 넘었는데도 말이다.

그럼 나는 어떻게 실적을 예측했을까? 비밀은 '바뀌는 것이 없으면 결과에도 변화는 없다'는 사실에 있었다. 회사 내부에서 무언가를 바꾸거나 외부 시장이나 경제에 무언가 바뀌는 것이 없으면 결과는 동일할 수밖에 없다.

때로 회사들은 연간 25퍼센트에서 35퍼센트까지 성장 목표를 잡지만 그 성장 목표를 이루기 위해 지금까지와는 다른 어떤 시도를 할지에 대해서는 계획하지 않는다. 새롭거나 기존과 다른 시도 없이 높게 잡은 성장 목표를 달성하지 못했다고 실망하는 회사나 사람들을 나는 이해할 수가 없다. 위의 사례에서 내가 한 일이라곤 과거 3년간의 실제 매출액을 들여다본 것뿐이었다. 개별 영업 사원들의 실적을 들여다보았고 거기서 실적에 크게 영향을 준 이례적인 딜이나 운 좋게 수주한 큰 딜을 뺐다. 그러자 기준에 해당하는 숫자가 나왔다. 그리고 이례적으로 운 좋게 수주했던 큰 딜의 월 평균 값을 내어 기준 숫자에 더하였다. 그러자 정확한 예상 매출액이 나온 것이다. 과거와 견주어 바뀐 것이 없었으니 당연히 결과에도 변화가 없었던 것이다.

당신의 실적을 예측할 때도 마찬가지 전략을 써야 한다. 견고한 기준치를 계산해낸 다음 '무엇이 바뀌었는가?' '무엇을 바꿀 것인가?'라는 질문을 던져보라. 그리고 이미 바뀌었거나 바꿀 예정인 것들이 다음번 결과에 미칠 영향을 반영하라. 내년도에 예상되거나 계획하는 어떤 변화가 있다면 그것이 매출에 미칠 영향을 계산하는 데는 낙관적이지 말아야 한다. 가장 정확한 데이터에 기반을 두어 숫자를 하나 선택한 다음 과거의 변화 경험을 돌아보라. 기대했던 매출과 실제 매출의 차이는 얼마였는가? 팀은 평균 몇 퍼센트로 마감을 했는가? 당신이 선택한 숫자를 그 백분율로 조정하라.

실적 예측을 잘하려면 고객들의 행동을 잘 이해해야 한다. 고객들의 세상에서 무슨 일이 일어나고 그들이 어떻게 구매 결정을 내리는지 반드시 이해해야 한다. 앞의 장들에서 언급한 것들을 실행에 옮겨왔다면 고객들이 전형적으로 거치는 의사 결정 과정, 즉 몇 퍼센트의 고객이 특정 단계에서 다음 단계로 나아가고, 몇 퍼센트는 거기서 멈추는지 당신은 이미 알고 있을 것이다. 실적 예측에 이 숫자를 활용하라. 실적을 예측하는 과정은 항상 변화해야 하고 더 많이 배우고 경험을 쌓을수록 더 신뢰도 높은 숫자를 낼 수 있게 된다. 그리고 신뢰성 있는 숫자는 비즈니스를 운영하고 자원을 어떻게 할당해야 할지를 결정하는 데 큰 도움이 된다.

일단 데이터 분석과 심사숙고의 과정을 거쳐 실적 예측치를 내면 경영진 중 누군가가 그 숫자를 맘에 들어 하지 않는다는 이유로 수치를 조정하는 일은 없어야 한다. 그가 더 높은 숫자를 원한다면 내가 얘기한 것을 기억하라.

"바뀌는 것이 없으면 결과에도 변화는 없다."

숫자를 올리려면 다른 어떤 변화가 반드시 필요하다고 경영진에게 얘기해야 한다. 마케팅, 전시회, 영업 인력 등에 추가 예산을 투자할 의향이 있는가? 근거 없이 임의적으로 정한 숫자는 의도치 않은 결과를 낳을 수 있다. 매출 목표를 얼마로 해야 할지에 대해 이견이 있다면 싸워야 한다. 일 년 내내 비현실적인 숫자를 좇는 것보다는 미리 싸우는 편이 낫다. 애초에 매출 예상치를 정확하게 잡는 것이 회사를 위해서도 좋고 당신의 신뢰도도 높이는 길이다. 또 앞으로 남은 당신의 일도 훨씬 쉬워질 것이다.

19

지속적인 성공을
만들어내는 법

세일즈 보스로서 당신은 영업의 성공에 영향을 주는 요소들에 대해 가장 넓은 안목을 지니고 있다. 만일 역할을 잘해내고 있다면 당신은 CEO를 포함하여 회사의 다른 누구보다 회사 상황을 잘 알고 있을 것이다. 회사의 매출 목표와 예산에도 접근할 수 있고, 마케팅 계획도 리뷰하고, 일부 경영 회의에도 참석할 것이다. 현장에서는 영업 사원들과 함께하며 다양한 지역의 많은 회사들을 접할 것이다. 이런 경험은 고유한 통찰력을 준다. 그리고 당신은 이런 여러 가지 것들이 어떻게 맞물려 돌아가는지를 파악하는 능력도 있다.

　접근 가능한 정보의 양이 많으므로 당신에게는 분명해 보이는 것들이 회사의 다른 사람들에게는 그만큼 분명하지 않을 수 있다. 당신의 역할과 위치가 가진 장점을 살려 조직 전체의 성공을 지속적으로 창출해내는 데 도움이 될 만한 것들을 생각해보라. 자신들만의 고립된 시각으로 의사 결정을 하는 부서들이 많을 것이다. 그들에게 현장의 목소리를 전하는 것도 매우 가치 있는 일이 될 것이다.

예를 들어 팀원들과 정기적인 미팅을 하다 보면 제품의 독특한 기능이나 포지셔닝으로 시장의 관심을 끌고 있는 새로운 경쟁자를 발견할 수 있다. 마케팅이나 제품 개발 부서에 이 새로운 경쟁자에 대해 알려주는 것이야말로 가치 있는 일이 아니겠는가? 마케팅이나 제품 개발 부서는 바로 추가적인 조사에 들어갈 것이다. 재무 부서와 회의를 하며 주요 제품 중 하나의 마진율이 급격히 떨어졌다든지, 사후 지원 비용 때문에 그다지 매력적이지 않은 비즈니스가 되어버렸다는 얘기를 들을 수 있다. 이 얘기를 듣고 팀원들이 다른 제품 판매에 더 신경을 쓰도록 한다면 회사의 수익성에 영향을 줄 수 있지 않겠는가?

마케팅 부서가 새로운 캠페인을 시작한 경우를 생각해보자. 팀원들이 그것을 영업적으로 잘 활용하도록 독려하는가? 마케팅 부서가 엉뚱한 잠재 고객을 대상으로 캠페인을 벌인다면 그들에게 적절한 의견을 주고 있는가? 회사의 다른 부서와 적극적으로 소통하고 협업하는 것이 영업팀에도 도움이 된다는 점을 기억하기 바란다.

지속적인 성공을 만들어내기에 좋은 방법 중 하나는 각 영업 사원들에게 할당되는 판매 지역(geography)이나 영역(territory)을 잘 계획하고 관리하는 것이다. 영업 사원들은 대개 본인이 가장 편안하게 팔 수 있는 곳에 집중하는 경향이 있다. 대체로 그들이 편안하게 느끼는 곳은 본인이 과거 큰 성공을 거두었거나 자신이 가장 많이 알고 있다고 생각하는 영역이다.

내 고객 중에 의료와 식품 처리 공정 두 분야에서 활용이 가능한 설비를 판매하는 회사가 있었다. 새 영업 사원들을 채용하면 그들은 자신의 과거 경험에 따라 둘 중 하나의 영역에만 완전히 집중하고 나머지 영역은 무시하곤 했다. 의료 분야의 경험이 있는 영업 사원은 의료 회사들만 방문하고, 공장의 엔지니어를 만나는 게 편한 영업 사원은 전적으로 식품 회사들에만 판매를 하였다.

세일즈 보스의 역할은 목표 고객이 어떤 분야의 어떤 곳들인지 정확히 정의하고 팀원들이 그 고객들을 대상으로 노력을 집중할 수 있도록 하는 것이다. 팀이 과거에 성공적으로 해왔던 것들을 분석하여 가장 성공 가능성이 높으면서도 이익이 나는 잠재 고객의 유형을 찾아 팀원들이 그곳에서 지속적으로 성공을 거둘 수 있도록 해야 한다.

회사는 다음과 같이 분명하게 말할 수 있어야 한다. "우리 회사에 가장 맞는 고객은 OO 규모이고, OO 종류의 비즈니스를 하고 있고, OO 종류의 문제가 있으며, OO의 상황이 발생했거나 발생할 것으로 예상하는 경우에 우리 제품을 구매한다"라고 말이다. 이렇게 목표 시장을 분명하게 정의할 수 있어야 세일즈팀이 지속적으로 성공할 수 있다.

한편 팀원들과 코칭 세션을 진행하다 보면 평소보다 특별히 기회가 큰 시장 트렌드를 발견하기도 한다. 이런 경우에는 이 트렌드가 어떻게 고객들에게 영향을 주는지, 그것을 활용하여 어떻게 신규 비즈니스를 만들어낼 수 있을지를 상세히 정리하여 사례 연구 형태로 팀원들과 공유해야 한다. 고객들에게서 어떤 질문이 나올 수 있는가? 해당 잠재 고객을 찾아내려면 어떤 소스, 즉 뉴스나 단체 등을 활용해야 하는가? 의미 있는 경험이나 사례가 입소문에 의존해 전파되도록 하지 말자. 그것들을 체계적으로 공유할 수 있는 프로세스를 만들어야 한다.

지속적인 성공을 거두는 방법을 고민할 때는 회사 밖의 사람들과 공동전선을 펴는 것도 고려해보는 것이 좋다. 스스로에게 물어보라.

'우리와는 다른 제품을 판매하지만 우리 회사와 동일한 고객군을 대상으로 비즈니스를 하는 회사들이 있는가? 있다면 어떤 회사들인가?'

예를 들어 당신 회사가 신규 건설 프로젝트에 장비를 판매한다면 같은 프로젝트에 보험, 보안 제품, 외주 인력 또는 다른 제품이나 서비스를 판매하는 회사들을 찾아낼 수 있을 것이다. 이는 어떤 산업에서나 있는 일이다. 동일한 잠재 고객을 대상으로 영업하는 회사들이 항상 있게 마련이다. 어떻게 하면 그 회사의 마케팅과 인맥을 당신에게 유리하게 활용할 수 있을까? 이렇게 동일한 고객군을 대상으로 영업하는 비경쟁 업체들과 상호 추천 네트워크를 만드는 것은 아주 효과적인 영업 방법이다. 영업 사원들에게 같은 고객군을 대상으로 영업하는 비경쟁 업체들 간의 모임을 만들도록 요구하라.

방법은 다음과 같다. 당신 회사와 같은 고객군을 대상으로 사업하는 회사의 목록을 정리한다. 단, 당신 회사의 영업 사원이 만나는 고객과 같은 직위의 고객을 만나는 회사들이어야 한다. 당신 회사가 영업을 하기 위해 고객사의 CEO를 만난다면 같은 고객사를 대상으로 영업하는 회사라 하더라도 관리팀의 실무자를 만나는 회사는 대상이 되지 않는다. 그 반대의 경우도 마찬가지다. 동일한 유형의 잠재 고객군을 대상으로 사업을 하되 같은 직위의 사람들을 만나 영업하는 회사를 목표로 해야 한다. 일단 다섯 개에서 열 개 정도의 회사를 찾아낸 다음 당신이 목표로 하는 지역에서 가장 영업을 잘하는 회사의 영업 사원이 누구인지 알아내라. 우리 회사의 영업팀이 다섯 개 지역으로 나뉘어 영업을 하고 있다면 각 지역에서 영업을 가장 잘하는 사람들을 찾아내는 것이다.

미국 중서부 지역을 목표로 한다고 치자. 우리 회사와 동일한 고객을 대상으로 사업을 하되 경쟁이 아닌 업체 일곱 곳과 각 회사의 영업 사원 일곱 명의 이름을 알아낸다. 이들에게 각각 연락을 취하여 모임에 초대한다. 당신의 영업 사원이 한 달에 한 번씩 그들에게 아침이나 점심을 사도록 한다. 되도록 직접 얼굴을 보는 모임이 좋다. 미팅을 하는 동안 모든 참석자들은 본인들이 영업하는 고객사와 담당 고객에 대해 정보를 교환한다. 틀림없이 각자가 만나는 고객이나 고객 회사들이 모두 겹치지는 않을 것이다.

구성원들 간 관계가 가까워지고 신뢰가 형성되면서 이 모임은 잠재 고객을 찾아내는 훌륭한 정보원이 된다. 이는 마치 목표 시장에 여덟 쌍의 눈을 갖게 되는 것과 마찬가지다. 한편 시장을 대상으로 영업을 하므로 당신의 영업 사원은 업계를 잘 아는 믿을 만한 사람으로 스스로를 포지셔닝할 수 있어야 한다. 그러기 위해서는 모임에 참석할 때 다른 구성원들에게 도움이 될 만한 최근의 업계 소식이나 정보를 가져가는 것이 도움이 된다. 세일즈 보스로서 당신이 모임에 참석하는 팀원에게 좋은 얘깃거리를 직접 전해주거나 마케팅팀에 요청해 도움이 될 정보를 찾아주는 것도 좋다.

핵심은 당신의 영업 사원이 먼저 이 모임에 헌신하면 다른 구성원들이 그를 신뢰하게 되고 그들이 거꾸로 당신의 영업 사원에게 뭔가로 보답을 하고 싶어진다는 점이다. 이는 인간의 본성이다. 모임의 구성원 중 한 명이 당신의 영업 사원에게 전화를 걸어 "안녕하세요, XYZ 회사에 갔다가 그들이 ABC로 사업 영역을 확장을 한다는 얘기를 들었어요. 접촉해보실 완벽한 타이밍 같은데 황 이사님이랑 원래 알고 계신가요? 아니면 제가 두 분을 소개해드릴까요?"라고 하게 된다면 더할 나위 없이 좋은 일일 것이다. 이것이야말로 지속적인 성공을 만들어내는 훌륭한 방법이다. 이 방법은 각 영업 사원들의 판단에 맡겨둘 일이 아니다. 효과가 큰 일이므로 모든 영업 사원이 실행하게끔 하라.

팀원들을 업계의 전문가로 포지셔닝하는 것도 지속적인 성공을 이끌어내는 좋은 방법이다. 검색과 소셜의 시대, 대부분의 고객은 당신 회사를 접촉하기 전에 이미 당신 회사와 영업 사원에 대해 조사하고 나름의 판단을 한다. 되도록 당신의 영업 사원들이 업계 사람들 사이에 전문가로 인식될 수 있는 방법을 찾아라. 컨퍼런스의 패널로 활동할 수도 있고 업계 전문지에 글을 쓴다든가 링크드인에 관련 자료를 올릴 수도 있다. 목표는 잠재 고객이 어떤 문제에 부딪쳤을 때 당신의 영업 사원을 전문가로 떠올리도록 하는 것이다.

이는 대부분의 회사들이 잘하지 못하는 영역이다. 영업과 마케팅의 중간쯤에 있는 활동이라 누구도 그 실행에 전적인 책임을 지지 않기 때문이다. 그러니 세일즈 보스로서 당신이 이를 책임지고 장려해나가야 한다. 업계 사람들이 당신의 팀원 누군가를 전문가로 보기 시작하면 해당 영업 사원의 자신감도 높아진다. 고객들도 가격 문제에 덜 민감해져 판매 활동도 훨씬 쉬워질 것이다.

늘 예의 주시하면서 성공을 확대할 방법을 찾아야 한다. 무엇인가를 가능하게 하는 방법은 어디에나 있다. 그것을 찾아내어 실행함으로써 지속적인 성공을 이루어내는 것이야말로 세일즈 보스의 중요한 역할이다.

PART 6
세일즈 보스의
마음가짐

20

명심하라,
당신의 비즈니스다

세일즈 보스는 자신이 스스로를 고용하여 자기 자신을 위해 일한다고 생각한다. 성공이든 실패든 전적으로 자신의 책임이라 여기는 기업가의 마음가짐이 필요하다. 세일즈 보스로서 당신은 당신의 비즈니스를 하고 있다. 어떤 회사에서 일하든지 간에 수입은 당신이 이루어낸 것들과 실패한 것들에 따라 결정된다. 당신이 수립한 영업 계획이나 실행하려고 의도했던 일들로 평가받지 않는다. 실제로 이루어낸 결과에 의해서만 인정받는 것이다.

회사 내에서의 다른 역할들과 달리 당신의 가치는 매출액이라는 분명한 잣대로 측정된다. 평소 당신의 가치는 지난 분기 매출액으로 평가된다. 과거의 영광스런 실적은 현재의 매출이 부진할수록, 그것에서 오는 압박이 클수록 빨리 잊힌다. 유일한 치유책은 많이 파는 것이다. 판매는 모든 문제를 해결한다. 이것이 세일즈 보스의 삶이다. 이 정도의 끊임

없는 압박감 속에서 일을 할 수 있으려면 세일즈 보스에게는 아주 특별한 인성이 요구된다.

비즈니스를 내 것으로 생각한다는 것은 정신적으로, 육체적으로, 정서적으로 스스로를 잘 돌봐야 한다는 것을 의미한다. 스스로에게 영감을 주고 생기와 에너지를 주는 무엇인가를 찾아야 한다. 이런 것들이 있어야 팀에 헌신할 수 있다. 잠시 시간을 내어 다음의 질문들에 대해 생각해보고 답해보기 바란다.

마지막으로 업무와 관계없는 컨퍼런스나 교육에 참석한 것이 언제였는가?

당신이 속해 있는 업종 말고 다른 업계의 동향에 관심을 갖는 것은 중요하다. 어떤 비즈니스도 진공상태에 있지 않으며 한 산업에서 시작된 트렌드는 결국 다른 산업에도 전파되거나 영향을 준다. 다른 업계의 컨퍼런스에 참석하면 겉으로 보기에 서로 관계가 없어 보이는 것들과 당신의 마음이 연결될 기회를 만들 수 있다. 그에 따라 사고의 유연성도 높아진다.

마지막으로 읽은 책이나 잡지는 무엇인가?

리더에게는 독서를 통해 채우는 생각의 욕구가 늘 있게 마련이다. 다양한 소스에서 나오는 글들을 읽도록 하라. 인터넷은 우리의 취향을 이미 이해하고 관심 있을 법한 정보들만 제공해주는 편협함이 있다. 예를 들어 당신이 보수적인 소스의 정치적인 글을 자주 읽게 되면 구글의 검색 엔진은 당신이 검색할 때마다 보수적인 소스에서 검색되는 결과를 먼저 보여준다. 마치 반향실(Echo chamber, 방송에서 연출상 필요한 에코 효과를 만들어내는 방)에서 정보를 받아들이는 것처럼 우리 자신의 관점이 점점 강화된다. 이는 정신적인 경직성으로 이어진다.

되도록 다양한 범위의 책, 잡지, 웹 문서 등을 읽기를 추천한다. 나는 과학 잡지, 여행 잡지, 심리학 잡지, 업계 전문지, 라이프스타일 잡지, 보수적인 뉴스 잡지, 진보적인 뉴스 잡지, 기업가를 위한 잡지, 〈포브스〉처럼 인정받는 비즈니스 잡지 등을 골고루 구독한다. 한 달에 적어도 두 권의 영업 관련 책을 읽고 기타 다양한 주제의 책 한 권을 읽는다. 내가 이렇게 다양하게 받아들인 정보들은 예상치 않게 서로 연결되어 내가 하는 일에 도움이 되곤 한다. 독서 습관을 조금 다양하게 넓혀보자.

당신 자신을 위해 '신성한 시간'을 확보해두고 있는가?

여기서 '신성한 시간'이라는 말은 팀의 신성한 리듬과 비슷한 뜻이다. 당신만을 위해 확보한 시간이 언제인가? 명상하고 운동하고 사색하고 계획하는 데 쓰는 시간 말이다. 이는 무엇보다 중요한 시간들이므로 일정표에 꼭 표시해두고 계획적으로 써야 한다. 이미 자신을 위한 시간을 따로 확보해두고 있다면 과연 그 시간을 효과적으로 쓰고 있는가?

내가 나를 위해 자주 확보하는 시간은 이른 아침 시간이다. 얼마 전까지 나는 이 시간을 뉴스를 읽는 데 썼다. 우연히 누군가가 하루를 왜 그렇게 시작하느냐고 물었다. 그때 나는 이 습관이 나의 일부가 되어버렸다는 것을 깨달았다. 아침마다 뉴스 보는 습관을 버리기로 했지만 나는 여전히 뉴스 사이트에 로그인을 하고 있었다. 실망한 나는 아침에 읽은 뉴스들을 메모해보기로 했다. 처음 30분 동안 나는 스무 개의 사망, 살인, 범죄 기사를 읽고 있었다. 45분이 지날 때쯤에는 이미 여러 개의 사기, 공갈, 횡령, 기아, 학살 사건을 읽었다. 정신이 번쩍 든 나는 이 습관을 즉각 중단하였다. 그리고 일 년이 지났다.

나는 이 아침 의식(중독)을 새로운 습관, 즉 읽기와 공부하기로 대체하였다. 훌륭한 결정이었다. 결과는 나 자신조차 놀랄 정도다. 이제 나는 커피 한 잔과 함께 TED Talks에 로그인하여 놀라운 일들을 꿈꾸고 실행하고 공유하는 사람들과 하루를 시작한다. 일단 정신이 맑아지고 영감을 느끼면 나는 글을 쓰기 시작한다.

지난 일 년 동안 나는 내 비즈니스와 관련한 몇 권의 지침서를 썼다. 책의 내용은 내가 오랫동안 고객들을 도우면서 그들이 잠재 고객 발굴에 활용하도록 했던 툴들에 관한 것이었다. 아마존의 최고 베스트셀러가 되었던 잭 캔필드(Jack Canfield)의 책을 돕기도 했고 당신이 지금 들고 있는 이 책도 썼다. 블로그도 계속 운영해왔고 새로운 제품도 몇 가지 구상하고 출시했다. 글을 쓴 다음에는 린다닷컴(Lynda.com)에 로그인하여 새로운 것을 배우기도 했다. 지금까지 나는 PHP 기초와 Adobe After Effects and InDesign 사용법을 배웠다. 몇 가지 추가적인 마케팅 방법도 알게 되었고 빅데이터 분석과 관련한 몇 가지 기본 개념들, 팟캐스트와 비디오 스튜디오 제작법도 배웠다.

나의 새로운 아침 습관 덕분에 알게 된 사람들의 소개로 몇몇 훌륭한 분들을 만났고 몇 개의 훌륭한 컨퍼런스에도 참석했다. 뉴스 중독을 좀 더 건강한 습관으로 대체함으로써 나는 이 모든 것들을 이루어낸 것이다. 여전히 나는 뉴스를 체크하지만 내 소중한 시간을 버리지 않고 운전 중 라디오를 들으면서 한다. 반드시 개인 시간을 확보하고 그 시간을 온전히 당신을 위해 쓰기 바란다.

가족을 위해 확보해둔 '신성한 시간'이 있는가?

이 질문에 대한 답은 매우 중요하다. 우리의 아이들, 배우자 그리고 가족에게 '일시 멈춤'이라는 버튼은 없다. 세일즈 보스로서 성공하는 대부분의 사람들은 도전과 피드백 그리고 자신에게 성공을 가져다주는 환경을 좋아하기 때문에 성공한다. 그들은 직접 딜을 성사시키기도 하고 팀원들을 지도하여 딜을 성공시키기도 한다. 이때의 느낌은 멋진 것이다. '아, 내가 이 일에 꼭 맞는 사람이구나. 나는 정말 필요한 사람이야'라고 느낀다.

그러나 불행하게도 딜을 성사시킨 후 찾아오는 이 느낌에 중독되면 가족이나 개인적인 관계들을 등한시하게 된다. 어떻게 이메일을 쓰고, 전화 통화를 하고, 고객과 미팅을 해야 비즈니스를 성사시킬 수 있는지를 이해하기는 쉽다. 그러나 가정생활의 성공은 쉽게 측정할 수 있는 것이 아니고 성공이나 실패의 반응이 즉각즉각 있는 일도 아니다. 이혼, 소원한 아이들, 좋지 않은 관계 등은 한참 동안 관계를 돌보지 않고 방치한 후에야 돌아오는 결과들이다. 이러한 위험을 막는 유일한 길은 가족들과 함께할 시간을 우선적으로 확보해두는 것이다. 사랑하는 가까운 사람들과 맺는 개인적인 관계들은 지속적으로 관심을 가질 때 만들어지고 유지되는 것임을 잊지 말자.

일단 가족들과 함께할 시간을 정했다면 이번 한 번만이라는 예외를 만들지 않아야 한다. 그러다 보면 삶이 예외의 연속이 되고 만다. 회사가 월급을 준다고 하여 당신을 소유하는 것은 아니다. 저녁에는 전화기를 꺼두어라. 현재에 집중하라. 밤늦게 팀원들에게 메일을 쓰거나 답장을 하지도 마라. 물론 이것이 '일주일 24시간 연결'을 찬미하는 세상에서 이상하게 들릴 수도 있다.

그러나 문제는 우리가 때로 결과보다 연락이 되느냐 아니냐를 더 중요하게 생각한다는 점이다. 일할 때는 힘 있게 현재에 집중해야 하며 결과 지향적이어야 한다. 가족과 함께 있을 때도 마찬가지다. 당신뿐만 아니라 당신의 영업 사원들도 그렇게 해야 훨씬 더 성공할 수 있다. 당신이 그들을 소유하는 것이 아니라는 점을 명심하자. 당신이 당신의 시간 전부를 회사를 위해 쓰고 있거나 팀원들에게서 똑같은 것을 기대한다면 '돈 벌기 위해 일하고 — 그 돈 덕에 잠잘 곳이 있고 — 잠잔 후에 다시 일하러 가고 — 또 잠잘 곳으로 돌아가는' 사악한 사이클에 갇히고 말 것이다. 이는 결코 바람직한 삶이 아니다. 일하기 위해 사는 것이 아니라 삶을 위해 일하는 것임을 명심하자.

어떻게 쉬는가?

어떻게 쉬는지는 중요한 문제다. 어떻게 가게 문을 닫고 쉬는가? 당신의 휴식 방법은 에너지를 재충전하고 활력을 되찾아주는가? 많은 세일즈 매니저들이 일하는 동안 느낀 압박감을 덜어내기 위한 수단으로

술을 마시지만 술은 지속 가능한 해결책이 될 수 없다. 자신에게 맞는 건강한 휴식 방법을 몇 개 가지고 있는 것이 좋다.

멘토가 있는가?

'어떤 사람을 알려면 그가 어울리는 사람들을 보라'는 말이 있다. 이는 우리가 어떤 사람들과 어울리는지가 중요하다는 뜻이다. 멘토가 있는가? 당신이 따르고 싶은 사람, 자질이나 기술을 배우고 싶은 사람이 있는가? 당신보다 훌륭한 사람을 찾아 그와 시간을 보내라. 당신보다 기량이 높은 사람과 운동경기를 해본 적이 있는가?

나는 한동안 라켓볼 치기를 좋아했다. 나와 비슷한 수준의 사람과 경기를 할 때는 내 기량이 후퇴하는 걸 느꼈고 재미도 없었다. 그러나 나보다 나은 사람과 경기할 때는 게임에 많이 지긴 했지만 기량이 늘었을 뿐만 아니라 경기의 즐거움도 훨씬 컸다. 훌륭해지고 싶으면 나보다 기량이 뛰어난 사람과 경기해야 한다.

위의 질문들에 대한 당신의 답이 마음에 드는가? 당신 자신을 잘 돌보고 있는지에 대해 종종 생각해보는 습관을 들이자. 매일매일 세일즈 보스로서 해야 할 의무들에 사로잡혀 정작 우리 자신이 무엇을 필요로 하는지는 잊어버린다. 당신의 가장 중요한 고객은 당신 자신임을 잊지 말자.

정신적으로나 육체적으로 건강하지 않으면 팀에 기여할 수 없다. 육체적으로 다이어트를 하고 운동을 하는 것처럼 정신적으로도 다이어트를 하고 운동을 해야 더 행복해지고 더 성공할 수 있다. 대부분의 세일즈 매니저들은 어느 시점이 되면 책이나 컨퍼런스, 멘토링 그리고 기타 방법들을 통해 자신의 역량을 강화하는 노력을 멈추어버린다. 그러나 세일즈 보스는 자신의 지식을 높이고 에너지를 충전하는 데 적극적이다. 이 때문에 세일즈 보스는 보통의 매니저들보다 뛰어나다. 팀원들은 그의 에너지와 열정, 명석함에 감동하고 그가 팀을 이끌기는 더 쉬워진다.

좀 더 개인적인 얘기를 해보자. 거울 앞에 서면 무엇이 보이는가? 당신의 육체적인 모습은 무엇을 말해주는가? 당신의 외모는 당신이 해온 선택의 결과다. 나이와 시간은 우리 모두에게 영향을 준다. 그것이 날카로움을 부드럽게 하고 지혜로운 모습을 주기도 하지만 아주 가혹한 영향을 주기도 한다. 자세히 들여다보라. 꼼짝 않고 컴퓨터 뒤에 앉아 보낸 너무 많은 날들의 증거가 보이지 않는가? 좀 걸으면 관절에 부담이 오는가? 지쳐 잠들어 다음 날 똑같은 하루를 시작하게 될 것임을 알면서도 퇴근 전 남은 일 한 가지를 더 마무리하기 위해 급히 먹은 야식의 흔적도 보일 것이다. 끝도 없이 이어지는 중요한 일을 마무리하기 위해 희생한 시간들을 거울 속에서 느낄 수 있을 것이다.

'너무 바빠서 쉴 수가 없어. 죽어서나 잠을 푹 잘 수 있을 거야.'

이것이 당신의 마음가짐이다. 자신의 삶과 건강을 조절할 수 없는 사람이 조직을 이끌 수 없다는 것은 냉엄한 진실이다. 리더라면 잡지의 표지 모델 정도의 몸은 가져야 한다거나 절대로 건강에 문제가 있으면 안된다는 뜻은 아니다. 다만 리더가 건강해지기 위한 시간을 내지 않고 최대한 건강을 지키는 선택을 하지 않으면 결국 리더십의 칼날도 무뎌진다는 뜻이다.

선택할 수 있는 상황이라면 사람들은 뚱뚱한 리더를 따르고 싶어 하지 않는다. 나 자신도 뚱뚱하고 건강하지 않은 시절이 있었기 때문에 이런 얘기를 감히 할 수 있다. 세일즈 보스는 자신이 회사의 광고판 같은 존재임을 안다. 세일즈 보스는 건강해야 하고 자신의 존재가 드러나는 옷차림과 외모를 갖추는 습관을 가져야 한다. 이런 모든 것들을 완벽하게 하지 않고도 평범한 세일즈 매니저는 될 수 있겠지만 세일즈 보스는 될 수 없다. 스스로에 대해 이런 것들을 제대로 통제하지 않고 최고의 성과를 내는 영업팀을 이끌 수는 없기 때문이다. 본인의 일상생활과 습관을 솔직하게 평가해보는 것은 더 나은 리더가 되기 위한 출발점이다.

지금까지 세일즈 보스가 되는 비결, 그리고 무엇이 평범한 세일즈 매니저와 비범한 세일즈 리더를 구분하는지에 대해 많은 얘기를 했다. 어땠는가? 세일즈 보스의 역할은 쉽지 않지만 그만큼 보상이 따르는 일이다. 당신의 역할은 회사가 매출을 좀 더 올리도록 하는 데서 그치지 않는다. 훌륭한 세일즈 보스는 함께 일하는 사람들을 최고가 되도록 격려함으로써 그들의 삶에 큰 영향을 준다. 세일즈 보스는 팀원들의 성장을 돕고 그들의 가족들이 풍요롭게 살 수 있도록 해준다.

판매가 일어나기 전에는 아무 일도 일어나지 않는다. 아이들은 대학에 갈 수 없고 집을 살 수도 없으며 병을 치료할 수도, 휴가를 즐길 수도 없다. 당신은 세일즈 보스로서 특별한 어떤 것들의 중심에 있다. 뭔가 위대한 것을 구축하라. 위대한 팀을 구축하라. 이제 그 비법을 알았으니 세일즈 보스가 되는 것은 당신에게 달려 있다.

최고의 영업 리더가 알아야 할 세일즈 리더십

세일즈 보스

1판 1쇄 발행 2017년 6월 20일
1판 2쇄 발행 2018년 4월 16일

지은이 조너선 휘스먼
옮긴이 우미영
펴낸이 조윤지
P   R 유환민
책임편집 김자영
디자인 woojin(宇珍)

펴낸곳 책비(제215-92-69299호)
주 소 (13591) 경기도 성남시 분당구 황새울로 342번길 21 6F
전 화 031-707-3536
팩 스 031-624-3539
이메일 readerb@naver.com
블로그 blog.naver.com/readerb

'책비' 페이스북
www.FB.com/TheReaderPress

© 2017 조너선 휘스먼
ISBN 979-11-87400-14-1 (03320)

책비(TheReaderPress)는 여러분의 기발한 아이디어와 양질의 원고를 설레는 마음으로
기다립니다. 출간을 원하는 원고의 구체적인 기획안과 연락처를 기재해 투고해 주세요.
다양한 아이디어와 실력을 갖춘 필자와 기획자 여러분에게 책비의 문은 언제나 열려 있습니다.
 • readerb@naver.com